Und noch ein Buch für Freizeitkegler

Kegelspiele und Kegelabend-Abrechnung

Sammlung von

Günter Geldner

Inhalt

Was ist Kegeln ?

Beim Kegeln versucht der Spieler mit einer Kugel, die neun Kegel auf der anderen Seite der Bahn zu Fall zu bringen. Dazu nimmt er eine Kugel in die Hand und versucht diese mit so viel Schwung wie möglich vorwärts in Richtung der neun Kegel zu bewegen. Die Kugel sollte im Normalfall auf der markierten Abwurffläche aufgesetzt werden und der Spieler darf die Anlaufzone nicht verlassen. Der Abwurf kann mit Anlauf oder im Stehen erfolgen.

Regeln für Freizeitkegler

Die erste Regel lautet:

Es gibt keine Regel

Bei den meisten Kegelclubs gibt es aber Richtlinien welche für ein gutes Gelingen des Kegelabends nützlich sind.

Beim Freizeitkegeln stehen nicht wie beim Sportkegeln die sportliche Betätigung und der Wettkampf im Mittelpunkt, sondern vor allem die Geselligkeit und der Spaßfaktor.

Pudel (auch „Pumpen", "Ratten" = Nullwürfe): Wenn der Kegler am vollen Bild, also wenn alle 9 Kegel noch stehen vorbei wirft. Meistens geht dabei die Kugel in die Rinne. Die Pudel werden gezählt und der Kegler mit den meisten Pudeln am Abend ist der Pudelkönig. Der Pudelkönig bekommt natürlich auch für sein Unvermögen eine Strafe (Geld, Runde).

Wenn die Kugel zu langsam rollt und von einem Mitspieler eingeholt wird bekommt derjenige dessen Kugel gefangen worden ist eine Strafe (Geld, Runde).

Wenn ein Mitspieler versucht eine Kugel zu schnappen es aber nicht schafft bekommt dieser eine Strafe (Geld Runde).

Zumeist wird an einem Abend eine Vielzahl von Kegelspielen gespielt.

- Klingel: Über die Kegelbahn ist eine Schnur gespannt. Vor diese Schnur muss die Kugel gespielt werden. Wird die Schnur berührt, klingelt die an der Schnur befestigte Klingel. Dies Kostet eine Strafe.

Kranz-Acht: Wenn mit einem Wurf alle Kegel außer dem in der Mitte stehenden Kegel abgeräumt werden. Dies Zählt 12 Punkte und ist ein seltener und guter Wurf, kostet aber auch eine Runde.

Neunerwurf (alle Neune): Wenn mit einem Wurf alle neun Kegel abgeräumt werden. Dies ist ein seltener und guter Wurf, kostet aber auch eine Runde.

Verpasster Einsatz: Ist ein Kegler an der Reihe und verpasst er seinen Einsatz, wird dies mit einer finanziellen Strafe belegt. Der Einsatz gilt dann als verpasst, wenn ein anderer Kegler dem Kegler der an der Reihe ist eine Kugel auf dem Tisch legt.

Alle Geldstrafen werden vom Kassenwart verwaltet und werden meistens für mehrtägigen Ausflüge (Kegelausflug, Kegeltour) verwendet. Der Kassenwart hält alle Ergebnisse, Strafen und Finanzen in einem Kegelbuch fest.

Freizeitkegler nennen sich selbst "Kegelbrüder" (bzw. "Kegelschwestern").

Begriffe rund ums Kegeln

Abräumen (mit Kranzwertung):

Der erste Wurf beim Abräumen erfolgt immer auf das volle Bild. Danach werden nur noch die Kegel aufgestellt, die beim Anwurf nicht gefallen sind. Der Kegler muß dann alle Kegel (bis auf den König) abräumen, bevor wieder das volle Bild aufgestellt wird. Wenn der Kegler also eine 9 (oder einen Kranz) anwirft, dann darf er im nächsten Wurf wieder auf das volle Bild spielen.

Anwurf:

Wurf auf das volle Kegelbild.

Bahnarten:

Der Kegelsport innerhalb des Deutschen Keglerbundes wird auf 4 verschiedenen Bahnarten betrieben: Asphalt-, Bohlen-, Scheren- und Bowlingbahn.

Asphalt bahn

1. Aufsatzbohle 5,50 m x 0,35 m
2. Lauffläche 19,50 m x 1,50 m
3. Seitenwände 19,50 m x 0,10 m, 0,14 m hoch
4. Kegelstand 1,00 m x 1,70 m + 0,25 m* 1,70 m
5. Kugelfang 1,25 m * 1,70 m

Bohlenb ahn

1. Aufsatzbohle 5,50 m x 0,35 m
2. Lauffläche 23,50 m x 0,35 m Kehlung 0,75m von der Ansatzbohle entfernt: 4,5mm
3. Kegelstand 1,00 m x 1,70 m + 0,25 m x 1,70 m
4. Kugelfang 1,25 m x 1,70 m

Scheren bahn

1. Aufsatzbohle 5,50 m x 0,35 m
2. Lauffläche gesamt 18,00 m, Kehlung 0,75 m von der Ansatzbohle entfernt: 3,5mm, davon Lauffläche 1: 9,50 m x 0,35m, Lauffläche 2 (Schere) 8,50 m lang, von 0,35 m auf 1,25 m verbreiternd
3. Kegelstand 1,00 m x 1,25 + 0,25 m x 1,25 m
4. Kugelfang 1,25 m x 1,70 m

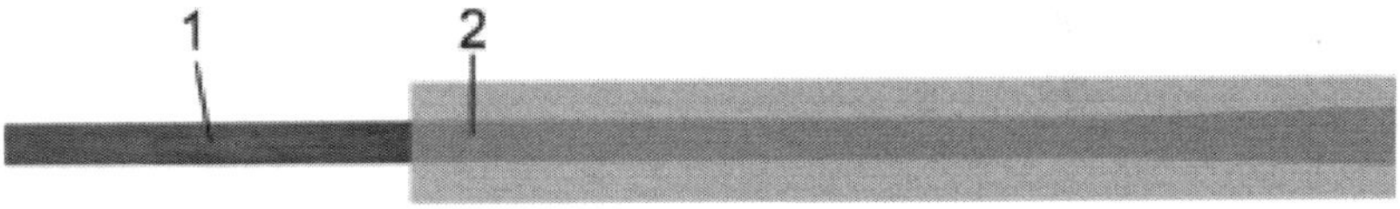

Bowlin g bahn

1. Aufsatzfläche 4,57 m x 1,04-1,065 m
2. Lauffläche 18,28-18,30 m x 1,04-1,065 m
3. Ablaufrille je 0,235 m breit
4. Kegelstand 0,792 m x 1,04-1,065 m + 0,125 m x 1,04-1,065 m
5. Kugelfang 0,76-1,20 m x 1,04-1,065 m

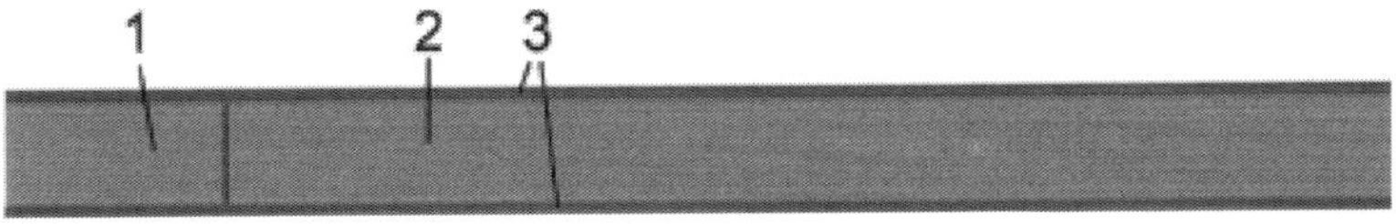

Bild(er):

Ein Bild ist eine bestimmte aufgestellte oder nach dem Anwurf stehengebliebene Kegelformation. Stehen alle Kegel, spricht man vom vollen Bild.

Kegelbilder

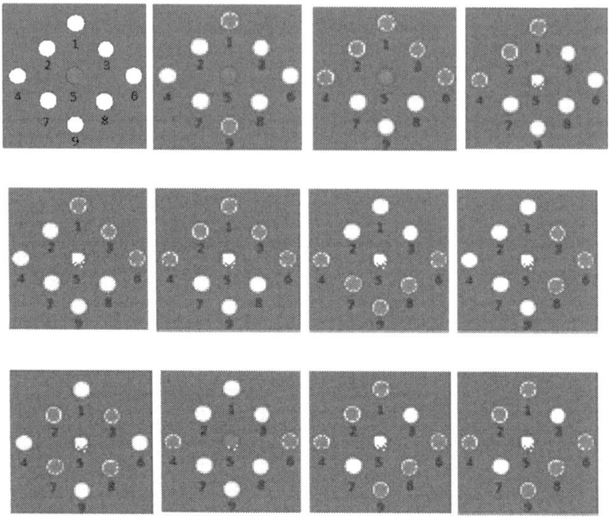

Deutscher Keglerbund (DKB):

Dachorganisation aller deutschen Kegelvereine und Landesverbände für Kegeln bzw. Bowling, gegründet am 7. Juni 1885. Der DKB ist Mitglied im Deutschen Sportbund und in der Federation Internationale des Quilleurs (FIQ), dem Weltverband des Kegel- und Bowlingsports, und vertritt dort sämtliche Belange des deutschen Kegelsports.
Dem DKB gehören 18 Landesverbände an, in denen über 1600 Vereine mit über 250.000 Mitgliedern organisiert sind.
Der DKB gliedert sich in 4 Sektionen, die den 4 Bahnarten entsprechen. Jede Sektion hat ihre eigene Sportordnung und Wettkampforganisation.

Die Stellfläche

der 9 Kegel besteht - aus der Wurfrichtung gesehen - aus einem auf der Spitze stehenden Quadrat, dem **Vierpaß**. In diesem Vierpaß sind Standplatten eingelassen, auf die die Kegel gesetzt werden (Im Kegelboden ist eine leicht federnde Stahlkugel montiert, die genau in die Standplatte paßt). Alle Kegel haben Nummern und Namen:

1: Vorderholz
2, 3: Vordere Damen
7, 8: Hintere Damen
4, 6: Bauer, Ecke
5: König
9: Hinterholz

Gasse:

Diagonaler Abstand zwischen den einzelnen Kegeln.

Gassenzwang:

Jeder Anwurf muß in die vorgeschriebene Gasse gespielt werden. Bei rechter Gasse muß die Kugel die Kegel 1, 3 oder 6 berühren, darf aber nicht den Kegel 2 berühren. Bei linker Gasse gilt das ganze seitenverkehrt.
Jeder Wurf in die falsche Gasse ist ein Fehlwurf, d. h. die erzielte Holzzahl wird wieder abgezogen; beim Abräumen wird zusätzlich das volle Bild wieder aufgestellt.

Kegel:

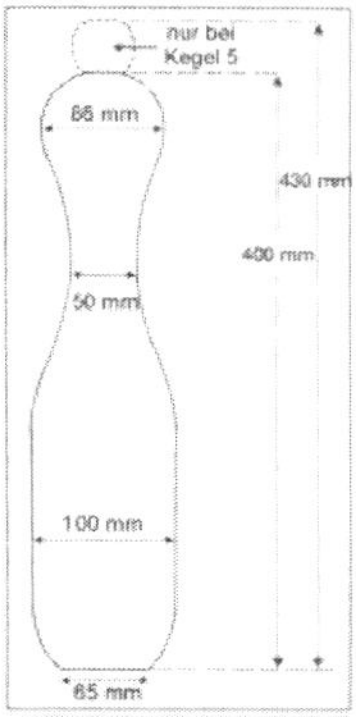

Der Kegel ist in seinen Abmessungen und Gewicht genormt. Die Höhe beträgt 40 cm, das Gewicht liegt zwischen 1750 g und 1800 g. Der "König" überragt die anderen Kegel um 3 cm und sein Gewicht beträgt 1850 g. Das Material bestand früher aus Hartholz, wogegen heute fast nur noch Kunststoffkegel verwendet werden.

Kehlung:

Über die gesamte Länge der Kugellauffläche verlaufende Vertiefung, die bewirkt, daß die Kugel zur Mitte tendiert. Nur Bohle- und Scherebahnen sind gekehlt.

Kranz:

Beim Wurf auf das volle Bild bleibt nur noch der König stehen.

Kugel:

Das Arbeitsgerät der Kegler, mit dem die Kegel zu Fall gebracht werden sollten.
Der Durchmesser der Kugel bei Asphalt und Schere beträgt 16 cm, das Gewicht liegt zwischen 2800 g und 2900 g. Für Bohlebahnen gilt dagegen ein Durchmesser von 16,5 cm und ein Gewicht von 3090 g - 3150 g.
Früher wurden die Kugeln aus Holz hergestellt, mit dem Nachteil, daß sie mit der Zeit immer ovaler wurden. Mittlerweile gibt es nur noch Kunststoffkugeln.

Pudel (Pumpe, Abwurf, ...):

Beim Wurf auf das volle Bild ist die Bahn nicht breit genug und die Kugel fällt in eine eigens dafür vorgesehene Rinne, wo sich keine Kegel befinden.
Pudel sollte man möglichst vermeiden, denn die psychischen und finanziellen Folgen für den Straftäter sind nicht abzuschätzen.

In die Vollen:

Jeder Wurf geht in das volle Kegelbild; nach jedem Wurf werden also alle 9 Kegel wieder neu aufgestellt.

Kindergeburtstag oder Kegelparty für Kinder

Wer in der kalten Jahreszeit oder bei schlechtem Wetter Geburtstag hat, dabei keine Lust auf einen Indoorspielplatz oder ein Fastfood Restaurant hat, kann dann in der guten Stube „rumhocken“ oder eine Kegelparty organisieren. Eine gut durchdachte und mit lustigen Kegelspielen bestückte Party kann allen Beteiligten sehr viel Spass bereiten.

Organisation und Ablauf rund um das Kegeln:

In Gaststätten, Kegelcentern oder Kegelvereinsheimen kann man Bahnen mieten. Die Abrechnung findet meist Stundenweise statt. Kläre aber vorher ab, ob dort auch Kinder kegeln dürfen. Drei Stunden sind eine angemessene Zeit für eine Kegelparty. Auf den meisten Kegelbahnen werden Turnschuhe verlangt, um den Bodenbelag zu schonen. Meistens liegen Kugeln in verschiedenen Größen und Gewichtsklassen bereit.

Kegelspiele machen Hunger und Durst, deshalb frage vorher ob man seine eigene Verpflegung mitbringen darf, oder ob man Alles vor Ort kaufen muss. Süßwaren, Chips und Kuchen dürften kein Problem sein.

Für die Siegerehrung bieten sich selbst gebastelte Orden oder Trophäen an. Diese kann man rechtzeitig im Vorfeld herstellen.

Spiele auf der Kegelbahn

Kinder sind keine Sportkegler, deshalb sollten die Spiele auch Altersgerecht ausgewählt werden, damit die Beteiligten diese auch verstehen und aktiv mitarbeiten können. Für die Dokumentation steht meistens eine Tafel zur Verfügung. Alternativ kann man sich auch die nachfolgenden Beispiele ausdrucken und dann auf der Kegelbahn ausfüllen.

Spiele:

Galgenspiel (Galgenmännchen)

Einstellung: In die Vollen
Spielart: Einzelspiel

Wurf: 2
Jeder Spieler wirft abwechselnd zweimal in die Vollen. Die beiden Würfe werden jeweils addiert. Ziel ist es, mehr Kegel umzuwerfen als jeweils der direkte Vorgänger. Gelingt dies nicht oder wird nur die gleiche Zahl geworfen, wird beim 2. Werfer am Galgen gezimmert. Dabei wird zuerst ein Hügel, dann der Galgen, dann der Kopf und dann der Rest des Galgenmännchens für den jeweiligen Spieler an die Tafel gemalt. Danach ist man Tot und darf nicht mehr Mitspielen. Gewinner ist der letzte Überlebende

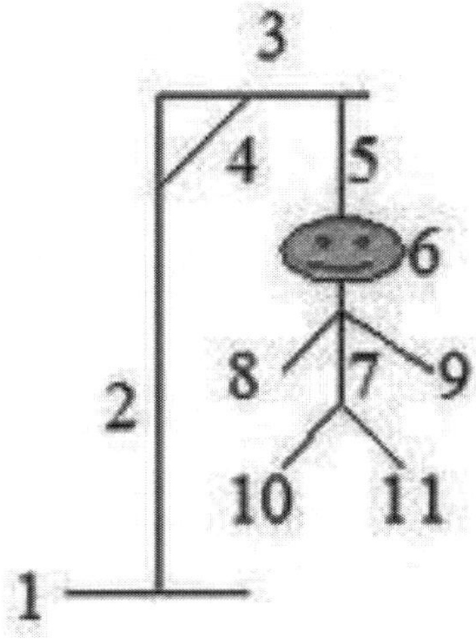

Hausnummern (niedrige und hohe Hausnummer)

Einstellung: In die Vollen
Spielart: Einzelspiel
Wurf: 1

Jeder Spieler macht in drei Durchgängen jeweils einen Wurf in die Vollen und bestimmt, an welche Stelle der Hausnummer die Zahl geschrieben werden soll (Links, Mitte, Rechts).
Bei hoher Hausnummer zählt der Pudel 0, bei niedriger Hausnummer zählt der Pudel 9.
Bei der hohen Hausnummer gewinnt die höchste Hausnummer, bei der niedrigen Hausnummer entsprechend die niedrigste dreistellige Nummer.

Große und kleine Hausnummer

	Kleine Hausnr				Große Hausnr		
Name:	1	2	3		1	2	3

Plus,minus,mal,geteilt

Einstellung: In die Vollen
Spielart: Einzelspiel
Wurf: 5
Gekegelt wird jeweils in die Vollen. Jeder Kegler hat 5 Wurf. Die ersten beiden Würfe werden addiert (plus) der dritte Wurf wird subtrahiert (minus) der vierte Wurf wird multipliziert (mal) der fünfte Wurf wird dividiert (geteilt) Verlierer sind die letzten 3 mit dem wenigsten Holz.

1 Wurf	+	2Wurf	=	?	-	3Wurf	=	?	x	4 Wurf	=	?	/	5 Wurf	=	Ergebnis

Kegelspiel Tannenbaum

Einstellung: In die Vollen
Spielart: Gruppenspiel
Wurf:

Eine beliebte Spielvariante (auch sehr gut für Kinder geeignet) ist das Kegel Spiel Tannenbaum.
Es werden zwei Teams gebildet und für jedes Team ein Tannenbaum aufgemalt:

1
22
333
4444
55555
6666
777
88
9

Nun macht jeder Kegler der Teams abwechselnd einen Wurf in die Vollen. Vorhandene Holzzahlen werden gestrichen. Das Spiel endet, wenn ein Team seinen Tannenbaum komplett streichen konnte, oder nach einer vorher festgelegten Rundenzahl.

Dieses Spiel eignet sich besonders gut, da es zwei Teams gibt --> Jungs vs. Mädels

Ü-Ei Kegeln

Einstellung: In die Vollen
Spielart: Alle gegen einen
Wurf: 1

Ein sehr lustiges Kegelspiel. Auch für Kindergeburtstage geeignet.
Alle Kinder bekommt ein Überraschungsei. Ein Kegler

beginnt sein Ü-Ei auszupacken, zu verzehren und den Inhalt zusammen zu basteln. Während er auspackt, isst und bastelt, kegeln die anderen Mitspieler abwechselnd in die Vollen. Für jedes gefallene Holz zahlt der bastelnde Spieler 10 Cent, bis er das Ei auf hat und den Inhalt zusammengebastelt hat. Hat er eine Figur als Inhalt (z.B. ein Schlumpf), so hat er Glück, und muss nur das Schoko-Ei essen. Ist ein Puzzle im Ü-Ei kann es teuer werden.

Variante 1: Es muss erst eine 6 fallen, bevor die Punkte gezählt werden

Käferspiel

Einstellung: In die Vollen
Spielart: Einzelspiel
Wurf: 1

Jeder Spieler legt einen Wurf vor und trägt diesen in den Körper seines Käfers ein. Der Käfer besteht aus einem

Körper mit 6 Füßen und 2 Fühlern. Bei einem Pudel wirft der Kegler erneut, bis er einen Wert erkegelt hat. Nun muss jeder Spieler versuchen, durch erneutes Kegeln seiner vorgelegten Zahl mit Beinen und Fühlern zu versehen. Jeder muss also acht Mal die identische Zahl kegeln wie im Körper steht. Gewonnen hat der Spieler, der seinen Käfer als erstes vervollständigt hat. Wem die Variante zu lange dauert, kann auch z.B. die Fühler weglassen und einen Käfer mit nur 4 Beinen zeichnen

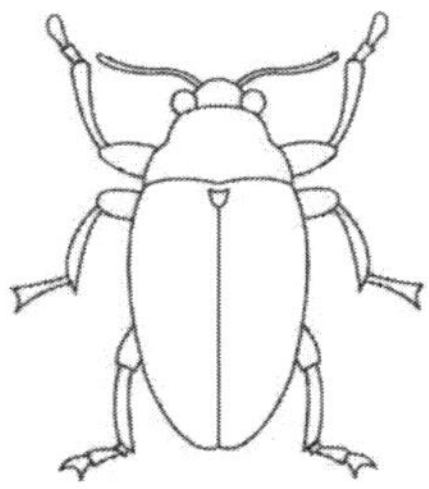

Sterntaler

Einstellung: In die Vollen
Spielart: Einzelspiel
Wurf: 1

Jeder Spieler bekommt einen Stern aufgemahlt. In den 5 Spitzen stehen die Zahlen von 2-6. Diese müssen abgekegelt werden. Wer als erster alle Zahlen seines Sterns gekegelt hat, hat gewonnen.

1 Euro 75

Einstellung: In die Vollen ohne Kranzwertung
Spielart: Einzelspiel
Wurf: 1

Die Spieler werden der Reihe nach an die Tafel geschrieben. Gekegelt wird nacheinander. Bei jedem Spieler wird 1,75 Euro notiert. Dann werfen die Spieler in die Vollen. (ohne Kranzwertung) Je geworfenes Holz werden 5 Cent abgezogen. Wird jedoch eine 5 geworfen, bekommt der Spieler 25 Cent zu seinem Betrag dazu addiert. Das Spiel ist beendet, wenn der Erste genau auf 0 kommt. Bei den anderen Spielern wird der Restbetrag pro Holz = 1Cent notiert. Die letzten Spieler des Durchgangs haben einen Nachwurf

Name	Wurf 1	Wurf 2	Wurf 3	Wurf 4	Wurf 5	usw

100 vor und zurück

Einstellung: In die Vollen
Spielart: Mannschaftsspiel
Wurf: 1

Bei diesem Gruppenspiel muss die jeweilige Gruppe versuchen genau 100 Punkte zu erreichen und wieder zurück auf Null zu kommen. (Pudel zählen nicht). Jeder Spieler einer Mannschaft hat 1 Wurf in die Vollen zur Verfügung. Die Mannschaft die zuerst wieder auf Null zurück ist, ist Sieger.

Mannschaft 1	Holz aufwärts Bis 100	Holz abwärts Bis 0	**Mannschaft 2**	Holz aufwärts Bis 100	Holz abwärts Bis 0

17 + 4 (Black Jack)

Einstellung: In die Vollen
Spielart: Einzelspiel
Wurf: 1

Jeder Kegler zieht eine Karte aus einem Skat-Kartenspiel, ohne ihren Wert zu verraten. (As =1 oder 11, Bube=2, Dame=3, König=4). Anschließend darf er solange kegeln, wie er möchte, um zusammen mit dem Kartenwert 21 zu erreichen. Die Holzzahlen werden

notiert. Zum Schluss wird bei jedem Kegler die Spielkarte hinzuaddiert.
Der Spieler mit der meisten Punkten, aber maximal 21 Punkten gewinnt. Spieler mit mehr als 21 Punkten sind kaputt und haben alle verloren.

Name	Wurf 1		Wurf 2		Wurf 3		Wurf 4		Wurf 5		Ufw.		Kartenwert		Ergebnis
		+		+		+		+		+		+		=	
		+		+		+		+		+		+		=	
		+		+		+		+		+		+		=	
		+		+		+		+		+		+		=	
		+		+		+		+		+		+		=	
		+		+		+		+		+		+		=	
		+		+		+		+		+		+		=	
		+		+		+		+		+		+		=	
		+		+		+		+		+		+		=	
		+		+		+		+		+		+		=	
		+		+		+		+		+		+		=	

14 Holz Abwärts

Einstellung: In die Vollen ohne Kranzwertung
Spielart: Einzelspiel
Wurf: 1

Alle Spieler werden der Reihe nach an die Tafel geschrieben. Gekegelt wird nacheinander. Jeder Spieler erhält 14 Punkte. Es wird von jedem Spieler 1 Wurf in die Vollen (ohne Kranzwertung) gemacht. Trifft er dabei einen Kegel aus der waagerechten Reihe (linker, rechter Bauer oder König), so werden ihm entsprechend 1, 2 oder 3 Punkte abgezogen. Trifft er keinen der 3, so bekommt er drei Punkte hinzuaddiert. Erreicht ein Spieler 18 Punkte, so zahlt er 0,50 Euro. Das Spiel endet, wenn ein Kegler 0 Punkte erreicht hat. Die verbleibenden Punkte werden mit 10 Cent berechnet.

Name Spieler	Holz	Wurf 1	+ (-)	Wurf 2	+ (-)	Wurf 3	+ (-)	Wurf 4	+ (-)	Usw.
	14									
	14									
	14									
	14									
	14									
	14									

15 ab

Einstellung: In die Vollen
Spielart: Einzelspiel
Wurf: 1

Es werden 10 Durchgänge in die Vollen gespielt. Jeder Spieler hat ein Grundsoll von 15 Punkten. Schiebt ein Spieler eine 4, bleibt sein Konto unverändert, bei mehr als 4 wird die Differenz abgezogen, bei weniger hinzugezählt. Der Kranz wird mit 8 Punkten gewertet.

Name Spieler	Holz	Wurf 1	+ (-)	Wurf 2	+ (-)	Wurf 3	+ (-)	Wurf 4	+ (-)	Usw.
	15									
	15									
	15									
	15									
	15									
	15									

16er

Einstellung: Bilder
Spielart: Eintelspiel
Wurf: 1

Es wird je eine Kugel geworfen

- in die Vollen,
- stumpfe Acht (ohne Vorderholz),
- Vorderkranz (Vorderholz, Vorderdamen und Bauern),
- Stina (Vorderholz, König und Hinterholz).

Es zählen gefallene Holz. Wer 16 oder mehr erzielt, hat gewonnen.

Name	In die Vollen	Stumpfe acht	Vorderkranz	Stina	Ergebnis

200

Einstellung: In die Vollen

Spielart: Einzelspiel
Wurf: 1

Jedem Kegler werden 200 Punkte aufgeschrieben. Anschließend werfen die Kegler reihum in die Vollen. Mit Vorderholz= noch geschriebene Holz – (gefallene Holz x gefallene Holz)   Beispiel: 5 Holz: 5x5= 25 Holz von den noch notierten Holz abziehen.
Ohne Vorderholz wird die einfache Holzzahl abgezogen.
Erreicht ein Kegler 0, so zahlen alle anderen den Restbetrag in Cent (z.B. 100 Punkte = 100 Cent).
Die nachfolgenden Kegler eines Durchgangs erhalten noch einen Nachwurf, damit alle gleich oft geworfen haben.

Name Spieler	Wurf 1	-	Wurf 2	-	Wurf 3	-	Wurf 4	-	Usw.

250 Holz
Einstellung: In die Vollen

Spielart: Einzelspiel
Wurf: 1

Die Spieler werden der Reihe nach an die Tafel geschrieben. gekegelt wird nacheinander. Jedem Kegler werden 250 Holz an die Tafel geschrieben. Dann wirft jeder Kegler einmal in die Vollen. Das Ergebnis wird mit 10 multipliziert und von den 250 Holz abgezogen. Bei einer geworfenen 5 werden 50 Holz hinzuaddiert, bei einem Pudel werden 100 Holz hinzuaddiert. Es sollte vor dem Spiel ein Höchstbetrag vereinbart werden. Erreicht ein Kegler 0, so zahlen alle anderen die Hälfte des Restbetrags in Cent. Die nachfolgenden Kegler des Durchgangs bekommen einen Nachwurf.

Name Spieler	Holz	Wurf 1	+ (-)	Wurf 2	+ (-)	Wurf 3	+ (-)	Wurf 4	+ (-)	Usw.
	250									
	250									
	250									
	250									
	250									
	250									

301 Holz

Einstellung: In die Vollen
Spielart: Mannschaftsspiel
Wurf: 1

Die Spieler ziehen Nummern und werden in 2 Mannschaften geteilt an die Tafel geschrieben. Das Ziel jeder Mannschaft ist als erste die Zahl 301 zu erreichen. Die Zahl muss genau erreicht werden. Es zählen 1 - 5 = einfach / 6 = zweifach / 7 = dreifach / 8 = 4fach / 9 = 5fach plus Nachwurf. Kranz = 80 plus Nachwurf. Wird die 301 übertroffen zählt der Wurf des nächsten Keglers zurück.

Mannschaft 1 Spieler Name	Holz	Mannschaft 2 Spieler Name	Holz

301 (Seite gegen Seite)

Einstellung: In die Vollen
Spielart: Mannschaftsspiel
Wurf: 1

Die anwesenden Spieler werden in 2 Mannschaften aufgeteilt, vorzugsweise Tischseite gegen Tischseite. Geworfen wird immer abwechselnd auf "Abräumbild mit Kranzwertung" 2 Wurf. Ziel des Spiels ist es 301 oder mehr Punkte zu erreichen, jede Mannschaft hat natürlich gleichviel Würfe (Nachwurf). Getroffene Kegel-Wertung: 1 bis 6 = 1 bis 6 Punkte. 7 = 14 Punkte, 8 =24 Punkte, 9 = 36 Punkte, Kranz = 50 Punkte und nur Vorderholz stehen

lassen = 80 Punkte. Die Mannschaft die verloren hat zahlt 3,01 € in die Kegelkasse oder eine Schnapsrunde.

Mannschaft 1 Spieler Name	Holz	Mannschaft 2 Spieler Name	Holz

50 Holz abwärts

Einstellung: In die Vollen ohne Kranzwertung

Spielart: Einzelspiel

Wurf: 1

Gekegelt wird der Reihe nach in die Vollen ohne Kranzwertung. Jeder Kegler, welche untereinander an die Tafel geschrieben wurden, bekommt 50 Holz notiert. Die geworfenen Holz werden, laut unten stehender Tabelle von dem Kontostand abgezogen bzw addiert.

Geworfene Holz= 5 : es wird nichts abgezogen.

Geworfene Holz = 8 : es werden 8 Holz addiert.

Alle anderen Holzwürfe werden abgezogen.

Wer die wenigsten Würfe braucht, um auf Null zu kommen, ist Sieger. Alle Anderen bezahlen 20 Cent in die Kegelkasse

Name Spieler	Holz	Wurf 1	+ (-)	Wurf 2	+ (-)	Wurf 3	+ (-)	Wurf 4	+ (-)	Usw.
	50									
	50									
	50									
	50									
	50									
	50									

200

Einstellung: In die Vollen
Spielart: Einzelspiel
Wurf: 1

Jedem Kegler werden 200 Punkte aufgeschrieben. Anschließend werfen die Kegler reihum in die Vollen. Mit Vorderholz= noch geschriebene Holz – (gefallene Holz x gefallene Holz) Beispiel: 5 Holz: 5x5= 25 Holz von den noch notierten Holz abziehen.
Ohne Vorderholz wird die einfache Holzzahl abgezogen.
Erreicht ein Kegler 0, so zahlen alle anderen den Restbetrag in Cent (z.B. 100 Punkte = 100 Cent).
Die nachfolgenden Kegler eines Durchgangs erhalten noch einen Nachwurf, damit alle gleich oft geworfen haben.

Name Spieler	Wurf 1	-	Wurf 2	-	Wurf 3	-	Wurf 4	-	Usw.

250 Holz

Einstellung: In die Vollen
Spielart: Einzelspiel
Wurf: 1

Die Spieler werden der Reihe nach an die Tafel geschrieben. gekegelt wird nacheinander. Jedem Kegler werden 250 Holz an die Tafel geschrieben. Dann wirft jeder Kegler einmal in die Vollen. Das Ergebnis wird mit 10 multipliziert und von den 250 Holz abgezogen. Bei einer geworfenen 5 werden 50 Holz hinzuaddiert, bei einem Pudel werden 100 Holz hinzuaddiert. Es sollte vor dem Spiel ein Höchstbetrag vereinbart werden. Erreicht ein Kegler 0, so zahlen alle anderen die Hälfte des Restbetrags in Cent. Die nachfolgenden Kegler des Durchgangs bekommen einen Nachwurf.

Name Spieler	Holz	Wurf 1	+ (-)	Wurf 2	+ (-)	Wurf 3	+ (-)	Wurf 4	+ (-)	Usw.
	250									
	250									
	250									
	250									
	250									
	250									

301 Holz

Einstellung: In die Vollen

Spielart: Mannschaftsspiel

Wurf: 1

Die Spieler ziehen Nummern und werden in 2 Mannschaften geteilt an die Tafel geschrieben. Das Ziel jeder Mannschaft ist als erste die Zahl 301 zu erreichen. Die Zahl muss genau erreicht werden. Es zählen 1 - 5 = einfach / 6 = zweifach / 7 = dreifach / 8 = 4fach / 9 = 5fach plus Nachwurf. Kranz = 80 plus Nachwurf. Wird die 301 übertroffen zählt der Wurf des nächsten Keglers zurück.

Mannschaft 1 Spieler Name	Holz	Mannschaft 2 Spieler Name	Holz

5er-Spiel

Einstellung: In die Vollen

Spielart: Einzelspiel

Wurf: 1

Es wird der Reihe nach gekegelt, jeder Spieler bekommt 300 Holz notiert.
Abgezogen werden bei: pro Holz 5 Punkte
Mit Vorderholz 10 Punkte pro Holz
Bei neuner 100 Punkte
Bei Kranz 150 Punkte
Bei jeder fünf werden 50 Punkte hinzu addiert
Bei Pudel werden 50 Punkte hinzu addiert
Holz ist Pflicht.

Sieger ist der Spieler, welcher als erster 0 Punkte erreicht oder unterschreitet. Alle Anderen bezahlen in die Kegelkasse laut unten stehender Anweisung: Punktezahl : 2. (Beispiel: 200 Punkte : 2 = 100 Cent)

Name Spieler	Holz	Wurf 1	+ (-)	Wurf 2	+ (-)	Wurf 3	+ (-)	Wurf 4	+ (-)	Usw.
	300									
	300									
	300									
	300									
	300									
	300									

71 Minus

Einstellung: Abräumen
Spielart: Mannschaftsspiel
Wurf: 2

Zwei Mannschaften werden ausgelost, die Stärke spielt keine Rolle. Gekegelt wird auf Abräumen mit zwei Wurf. Jeder Spieler einer Mannschaft hat je Antritt 2 Würfe. Die Mannschaften schicken je einen Spieler im Wechsel auf die Bahn. Jeder Spieler beginnt mit dem vollen Bild. Zu Beginn erhält jede Mannschaft ein Minuskonto von 71 Punkten.

Abgezogen werden: 1-7 gefallene Holz = 0 Punkte

9 Holz= 9 Punkte

Punkte Kranz = 15 Punkte

Es gewinnt die Mannschaft, die als erste ihr Konto auf Null gebracht hat.

Mannschaft 1 Spieler Name	Holz 71	Mannschaft 2 Spieler Name	Holz 71

81 abwärts

Einstellung: In die Vollen
Spielart: Einzelspiel
Wurf: 1

Jeder Spieler kegelt für sich allein und versucht dabei, möglichst schnell von seinen 81 Punkten genau auf 0 zu kommen. Der Kranz wird mit 12 Punkten gewertet. Kommt er über die Null, wird das geworfene Holz, das zu viel ist wieder addiert. Ist ein Kegler auf Null so zahlen die anderen Spieler ihren Restbetrag in Cent x 2

Name	Holz	+ Holz	+ Holz	+ Holz	+ Holz	+ Holz	+ Holz	+ Holz	+ usw

Absacker

Einstellung: In die Vollen
Spielart: Einzelspiel
Wurf: 1

Der Wurf zum beenden des Kegelabend, (Kasse auffüllen) Jeder Spieler kegelt einen Wurf in die Vollen. Jeder stehen geblieben Kegel zählt 0,50 Cent. Ein Pudel kostet somit 4,50 Euro + die übliche Strafe. Beispiel: 7 Holz gekegelt = 1 Euro bezahlen 5 Holz gekegelt = 2 Euro bezahlen. Ein einfaches Kegelspiel zu Gunsten der Clubkasse.

Ansagen

Einstellung: In die Vollen
Spielart: Einzelspiel
Wurf: 3

Bevor man seine drei Wurf absolviert muss man das Ergebnis Vorhersagen und an der Tafel notieren. Alle Holz, welche weniger oder mehr als die Vorhergesagte Holzzahl wird mit 10 Cent in die Kegelkasseberechnet

Name	Vorhersage	Gefallene Holz	Differenz	Ergebnis

Bahn putzen

Einstellung: Abräumen
Spielart: Einzelspiel

Wurf: 5

Es wird 4 Runden a 5 Wurf auf Abräumen gekegelt. Es soll mit so wenig wie möglichen Kugeln abgeräumt werden. Ist ein Spieler fertig mit abräumen wechselt der Spieler und der fertige Spieler notiert seine nicht benötigten Kugeln an der Tafel. Wird also mit dem zweiten Wurf abgeräumt, erhält man 3 Punkte. Am Ende zahlt die schwächere Hälfte der Kegler.

Name	Runde 1	Runde 2	Runde 3	Runde4	Rest Kugeln	Ergebnis

Abschnitt 1.01 Ballermann 6

Ballermann 6

Einstellung: In die Vollen
Spielart: Mannschaftsspiel
Wurf: 1

Die anwesenden Spieler werden in 2 gleich große Mannschaften aufgeteilt.

Jede Mannschaft hat 6 Minuten Zeit und wirft dabei in die Vollen. Nur die Werte 6,7,8,9 und Kranz werden gewertet. Am Ende der 6 Minuten werden die gefallenen Kegel addiert. Gewinner ist die Mannschaft, die díe höchste Punktezahl erkegelt hat.
Relativ simples Spiel, aber mit hohem Spaßfaktor.

Mannschaft 1 Spieler Name	Holz	Mannschaft 2 Spieler Name	Holz

Bauern Partie

Einstellung: Bilder
Spielart: Einzelspiel
Wurf: 6

Jeder Spieler hat 6 Würfe: 3 Würfe auf den Bauern links und 3 Würfe auf den Bauern rechts. Holz zählt Holz
Höchste Holzzahl gewinnt.

		Holz	Holz	Holz	Holz	Holz	Ergebnis

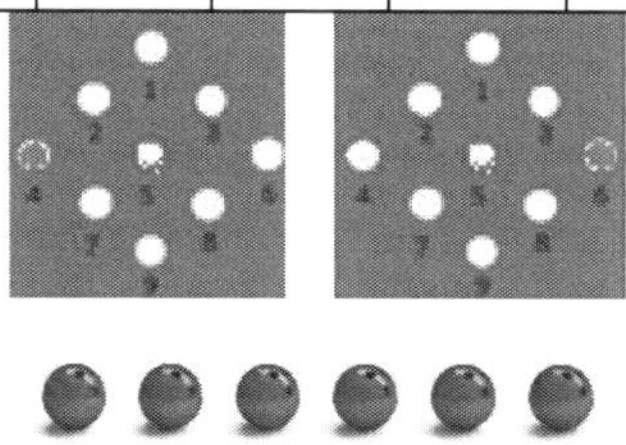

Berg und Tal
Einstellung: In die Vollen
Spielart: Einzelspiel
Wurf: 2

Es werden 4 Durchgänge a 2 Wurf gespielt. Beim ersten Wurf sollte eine hohe Holzzahl und beim zweiten Wurf eine niedrige Holzzahl erreicht werden, Die Differenz der beiden Würfe wird notiert. Fällt in einem der beiden Würfe ein Pudel oder die Differenz der beiden Würfe ergibt eine negative Zahl, so wird diese Runde mit 0 gewertet. Nach vier Runden werden die Punkte addiert und der Spieler mit der höchsten Holzzahl gewinnt.

Name	Runde 1	Runde 2	Runde 3	Runde4	Ergebnis

Bingo

Einstellung: In die Vollen
Spielart: Einzelspiel
Wurf: 1

Jeder Spieler bekommt einen Zettel mit 9 Kästchen aufgemalt, in den Kästchen stehen Zahlen von l - 9 gemischt. Jeder muss entweder waagerecht, senkrecht oder diagonal die Zahlen kegeln. Der erste, der es geschafft hat, ruft “Bingo!” und hat gewonnen. Die anderen Spieler verlieren einen ausgemachten Betrag. oder die Summe der restlichen Zahlen * 2 auf ihren Bingoscheinen ein.

4	7	3	5
2	5	6	3
3	6	7	4
8	3	5	4

Brett abräumen

Einstellung: Abräumen ohne Kranzwertung
Spielart: Einzel/Mannschaft
Wurf: 8

Jedem Spieler stehen 8 Kugeln zur Verfügung. Es kommt darauf an, dass mit möglichst wenig kugeln sämtliche

Kegel abgeräumt werden. (ohne Kranzwertung) Hierzu erfolgt eine Punktewertung. Wer mit einem Wurf sämtliche Kegel abräumt erhält 40 Punkte, mit 2 Würfen 35 Punkte. Für jeden weiteren Wurf verringert sich die Punktzahl um 5. Nach 8 Würfen wird die Punktzahl notiert. Das Spiel wird in 3 Durchgängen gespielt. Kann auch als Mannschaftsspiel gespielt werden.

Bürgermeister

Einstellung: In die Vollen ohne Kranzwertung / Abräumen
Spielart: Mannschaftsspiel
Wurf: 1

Zuerst werden die beiden Bürgermeister ermittelt, dazu macht jeder Spieler einen Wurf auf die Vollen. Kandidaten werden die Beiden mit den höchsten Holzzahlen. Jetzt wird auf Abräumen gestellt und die Wahlhelfer durch ziehen von Karten ermittelt. Dazu werden aus einem Skatblatt gleich viele rote und schwarze Karten gemischt, natürlich darf die Gesamtzahl nicht höher sein als noch verbleibende Spieler. Nun macht jeder Kegler eines Teams einen Wurf. Ein neues Brett wird erst aufgestellt wenn alle Kegel gefallen sind oder wenn die andere Mannschaft an der Reihe ist. Das Ergebnis wird mit der Rundenzahl multipliziert und notiert. Gespielt wird über 6 Runden. Die Mannschaft mit der höchsten Punktzahl gewinnt.

Bürgermeister	Runde 1	Runde 2	Runde 3	Runde 4	Runde 5	Runde 6	Ergebnis
Wahlhelfer							

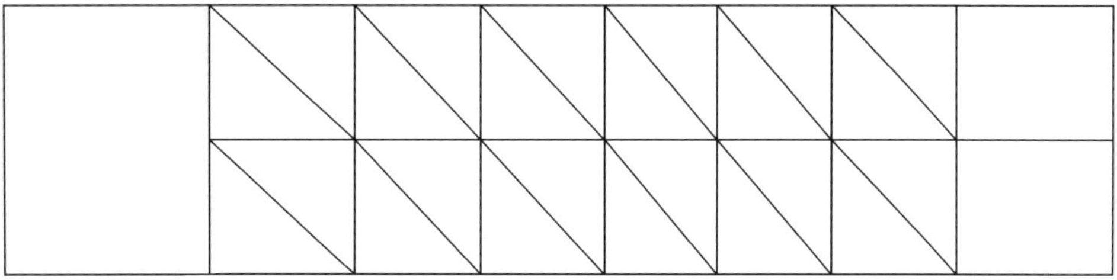

Contra

Einstellung: In die Vollen

Spielart: Einzelspiel

Jeder Spieler hat ein Grundkapital von 20 Punkten. Der erste Spieler legt vor, erreicht der folgende Spieler eine höhere Holzzahl, so wird die Differenz dem Vorlegenden abgezogen, ist sie niedriger, so wird sie dem jeweiligen Spieler abgezogen. Der Schub des zweiten Spielers ist gleichzeitig die Vorlage für den dritten, etc. Sagt ein Spieler vor seinem Schub "Contra" an, so wird die Differenz doppelt gerechnet. Haben 2 Spieler nacheinander dieselbe Holzzahl erreicht und der darauffolgende eine höhere, so wird die Differenz beiden Vorlegern abgezogen. Hat ein Spieler keine Punkte mehr, scheidet er aus. Der Kranz wird mit 8 Punkten gewertet.

Name Spieler	Holz	Wurf 1	+ (-)	Wurf 2	+ (-)	Wurf 3	+ (-)	Wurf 4	+ (-)	Usw.
	20									
	20									
	20									

	20									
	20									

Das Mist Spiel

Einstellung: In die Vollen

Spielart: Einzelspiel

Wurf: 5

Jeder Spieler hat 5 Wurf in die Vollen. Alle Würfe werden addiert. Sobald eine 5 fällt, wird alles gelöscht und man beginnt wieder bei Null.

Name	Wurf 1	Wurf 2	Wurf 3	Wurf 4	Wurf 5	Ergebnis

Das Pfälzerspiel

Einstellung: In die Vollen

Spielart: Einzelspiel

Wurf: 1

Jeder Mitspieler wirft zunächst einen Wurf in die Vollen. Die Zahl wird bei jedem aufgeschrieben. Zahlen, die nicht gekegelt wurden, werden separat notiert. Nun werden 10 Durchgänge nacheinander gespielt. Kegelt ein Spieler die Zahl eines Mitspielers, so bekommt der Mitspieler einen Strich, erzielt er seine eigene oder eine Zahl, die nicht von den anderen Mitspielern geworfen wurde, so erhält er selber einen Strich. Sieger ist der Spieler mit den wenigsten Strichen. Pro Strich wird ein bestimmter Betrag (z.B. 2 Cent.) an die Kasse gezahlt.

Spieler	Vorgelegte Holz	Striche

Der Boss und der Geselle

Einstellung: In die Vollen

Spielart: Einzelspiel

Wurf: 4

Jeder Spieler hat insgesamt 8 Würfe in die Vollen. 4 Wurf möglichst hohe Zahlen (Boss) und 4 Wurf möglichst niedrige Zahlen (Geselle)Erst wird der 1. Durchgang für die Höchstzahl mit je 4 Würfen pro Spieler durchgeführt. Dann der 2. Durchgang für die niedrigste Zahl mit ebenfalls 4 Würfen pro Spieler. Übertritt, Kette, Pudel etc. zählen beim „Boss“ 0 Punkte, beim Gesellen 9 Der Durchläufer oder Vorbei ohne Rinne bringt immer eine 0 ein. Sieger ist derjenige, der beim „Boss“, oder beim „Gesellen“ den ersten Platz einnimmt.

Boss	Wurf 1	Wurf 2	Wurf 3	Wurf 4	Ergebnis	Geselle	Wurf 1	Wurf 2	Wurf 3	Wurf 4	Ergebnis

Der falsche Fünfziger

Einstellung: In die Vollen / Abräumen

Spielart: Einzelspiel

Wurf: 10

Es werden fünf Wurf in die Vollen und fünf Wurf auf Abräumen geschoben. Alle, die nicht 50 Holz kegeln, sind Verlierer.

Name	Holz (Volle)	Plus	Holz (Abräumen)	Ergebnis

Berg und Tal

Einstellung: In die Vollen

Spielart: Einzelspiel

Wurf: 2

Es werden 4 Durchgänge a 2 Wurf gespielt. Beim ersten Wurf sollte eine hohe Holzzahl und beim zweiten Wurf eine niedrige Holzzahl erreicht werden, Die Differenz der beiden Würfe wird notiert. Fällt in einem der beiden Würfe ein Pudel oder die Differenz der beiden Würfe ergibt eine negative Zahl, so wird diese Runde mit 0 gewertet. Nach vier Runden werden die Punkte addiert und der Spieler mit der höchsten Holzzahl gewinnt.

Name	Runde 1	Runde 2	Runde 3	Runde4	Ergebnis

Bingo

Einstellung: In die Vollen

Spielart: Einzelspiel

Wurf: 1

Jeder Spieler bekommt einen Zettel mit 9 Kästchen aufgemalt, in den Kästchen stehen Zahlen von l - 9 gemischt. Jeder muss entweder waagerecht, senkrecht oder diagonal die Zahlen kegeln. Der erste, der es geschafft hat, ruft "Bingo!" und hat gewonnen. Die anderen Spieler verlieren einen ausgemachten Betrag. oder die Summe der restlichen Zahlen * 2 auf ihren Bingoscheinen ein.

4	7	3	5
2	5	6	3
3	6	7	4
8	3	5	4

Brett abräumen

Einstellung: Abräumen ohne Kranzwertung

Spielart: Einzel/Mannschaft

Wurf: 8

Jedem Spieler stehen 8 Kugeln zur Verfügung. Es kommt darauf an, dass mit möglichst wenig kugeln sämtliche

Kegel abgeräumt werden. (ohne Kranzwertung) Hierzu erfolgt eine Punktewertung. Wer mit einem Wurf sämtliche Kegel abräumt erhält 40 Punkte, mit 2 Würfen 35 Punkte. Für jeden weiteren Wurf verringert sich die Punktzahl um 5. Nach 8 Würfen wird die Punktzahl notiert. Das Spiel wird in 3 Durchgängen gespielt. Kann auch als Mannschaftsspiel gespielt werden.

Spieler	Wurf 1	Wurf 2	Wurf 3	Wurf 4	Wurf 5	Wurf 6	Wurf 7	Wurf 8	Erge b nis

Contra

Einstellung: In die Vollen

Spielart: Einzelspiel

Jeder Spieler hat ein Grundkapital von 20 Punkten. Der erste Spieler legt vor, erreicht der folgende Spieler eine höhere Holzzahl, so wird die Differenz dem Vorlegenden abgezogen, ist sie niedriger, so wird sie dem jeweiligen Spieler abgezogen. Der Schub des zweiten Spielers ist gleichzeitig die Vorlage für den dritten, etc. Sagt ein Spieler vor seinem Schub "Contra" an, so wird die Differenz doppelt gerechnet. Haben 2 Spieler nacheinander dieselbe Holzzahl erreicht und der darauffolgende eine höhere, so wird die Differenz beiden Vorlegern abgezogen. Hat ein Spieler keine Punkte mehr, scheidet er aus. Der Kranz wird mit 8 Punkten gewertet.

Name Spieler	Holz	Wurf 1	+ (-)	Wurf 2	+ (-)	Wurf 3	+ (-)	Wurf 4	+ (-)	Usw.
	20									
	20									
	20									
	20									
	20									

Das Mist Spiel

Einstellung: In die Vollen

Spielart: Einzelspiel

Wurf: 5

Jeder Spieler hat 5 Wurf in die Vollen. Alle Würfe werden addiert. Sobald eine 5 fällt, wird alles gelöscht und man beginnt wieder bei Null.

Name	Wurf 1	Wurf 2	Wurf 3	Wurf 4	Wurf 5	Ergebnis

Das Pfälzerspiel

Einstellung: In die Vollen

Spielart: Einzelspiel

Wurf: 1

Jeder Mitspieler wirft zunächst einen Wurf in die Vollen. Die Zahl wird bei jedem aufgeschrieben. Zahlen, die nicht gekegelt wurden, werden separat notiert. Nun werden 10 Durchgänge nacheinander gespielt. Kegelt ein Spieler die Zahl eines Mitspielers, so bekommt der Mitspieler einen Strich, erzielt er seine eigene oder eine Zahl, die nicht von den anderen Mitspielern geworfen wurde, so erhält er selber einen Strich. Sieger ist der Spieler mit den wenigsten Strichen. Pro Strich wird ein bestimmter Betrag (z.B. 2 Cent.) an die Kasse gezahlt.

Der Boss und der Geselle

Einstellung: In die Vollen

Spielart: Einzelspiel

Wurf: 4

Jeder Spieler hat insgesamt 8 Würfe in die Vollen. 4 Wurf möglichst hohe Zahlen (Boss) und 4 Wurf möglichst niedrige Zahlen (Geselle)Erst wird der 1. Durchgang für die Höchstzahl mit je 4 Würfen pro Spieler durchgeführt. Dann der 2. Durchgang für die niedrigste Zahl mit ebenfalls 4 Würfen pro Spieler. Übertritt, Kette, Pudel etc. zählen beim „Boss“ 0 Punkte, beim Gesellen 9 Der Durchläufer oder Vorbei ohne Rinne bringt immer eine 0 ein. Sieger ist derjenige, der beim „Boss“, oder beim „Gesellen“ den ersten Platz einnimmt.

Boss	Wu rf 1	Wu rf 2	Wu rf 3	Wu rf 4	Erge b nis	Gesel le	Wu rf 1	Wu rf 2	Wu rf 3	Wu rf 4	Erge b nis

Der falsche Fünfziger

Einstellung: In die Vollen / Abräumen
Spielart: Einzelspiel
Wurf: 10

Es werden fünf Wurf in die Vollen und fünf Wurf auf Abräumen geschoben. Alle, die nicht 50 Holz kegeln, sind Verlierer.

Name	Holz (Volle)	Plus	Holz (Abräumen)	Ergebnis

Der fidele Bauer

Einstellung: Bilder
Spielart: Einzelspiel
Wurf: 2

Es wird auf den linken oder rechten Bauer mit seiner Vorderdame gekegelt.. Das Gerät steht auf abräumen. Jeder

Spieler hat pro Durchgang 2 Würfe. 3 Durchgänge, Holz zählt Holz

Name	Runde 1	Runde 2	Runde 3	Ergebnis

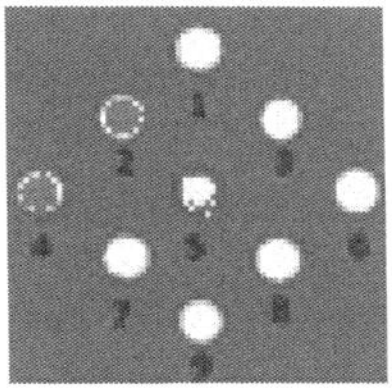

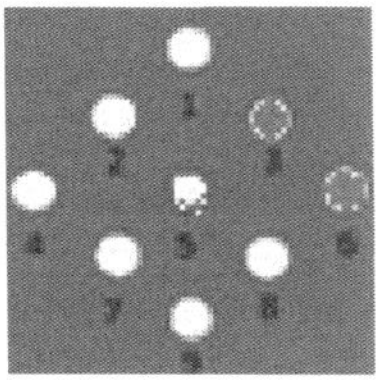

Drunter und Drüber

Einstellung: In die Vollen

Spielart: Einzelspiel

Wurf: 1

Der erste Kegler wird ausgelost.Der erste Spieler legt einen Wurf in die Vollen vor. Die Holzzahl seines Wurfes gilt als Vorlage für den nachfolgenden Spieler. Der muss dann vor seinem Wurf vorhersagen, ob er eine Holzzahl „Drunter oder Drüber" erzielen wird. Trifft seine Prognose zu, erhält sein Vordermann die Differenz zwischen den geworfenen Hölzern als Striche angekreidet. Gelingt ihm die Prognose nicht, erhält er selbst die entsprechenden Striche plus zwei weitere für die falsche Vorhersage. Bei gleicher geworfener Holzzahl erhält der Werfer einen Strich als Strafe. Wer 30 Striche auf seinem Konto verzeichnet hat, muss ausscheiden. Sieger ist, wer als letzter mit seinem Konto unter 30 Striche übrig bleibt.

Name	Vorlage	Prognose	Differenz	Striche

Ebbe + Flut

Einstellung: In die Vollen
Spielart: Einzelspiel
Wurf: 5

Die Spieler machen reihum jeweils 1 Wurf. Fällt eine 3, so herrscht Ebbe und alle folgenden Würfe werden durch 2 geteilt gezählt. Bei einer 5 ist mittlerer Wasserstand, die Holzzahlen zählen einfach. Bei einer 7 (Flut) werden die Ergebnisse verdoppelt, bis wiederum eine 3 oder 5 fällt. Das Spiel geht über 5 Runden.

Name	Runde 1	Runde 2	Runde 3	Runde 4	Runde 5	Ergebnis

Fußball

Einstellung: Abräumen ohne Kranzwertung
Spielart: Partnerspiel
Wurf: 1

Es werden Mannschaften mit jeweils zwei Spielern gebildet. Ein Spieler der Mannschaft wird zum Verteidiger ernannt, der Zweite zum Stürmer, dies kann die Mannschaft unter sich ausmachen, bleibt aber über das ganze Spiel so bestehen. Es spielt jede Mannschaft gegen jede. Als erstes wirft der Verteidiger der 1. Mannschaft einen Wurf in die Vollen. Dabei darf das Vorderholz nicht getroffen werden. Ist dies der Fall wird neu aufgestellt und die gegnerische Mannschaft bekommt ein Tor gutgeschrieben. Wirft der Verteidiger einen Pudel, so kann der Stürmer auf das volle Brett werfen. Fällt das Vorderholz nicht, kann der Stürmer der 2. Mannschaft nun das Brett abräumen und die geholten Holz werden dem Team als Tore angeschrieben (plus die Tore wegen gefallenem Vorderholz) Danach kegelt der Verteidiger der 2, Mannschaft und der Stürmer der 1. Mannschaft räumt ab. Z.B. V1=5 Holz ohne VH. ST2=3 Holz =>Tore=3 V2=2 Holz ohne VH. ST1=6 Holz =>Tore=6 Ergebnis 3:6 für Mannschaft 1 Gezählt wird nach dem Punktesystem beim

Fußball Gut Holz! PS Als Rückrunde kann man die Positionen Verteidiger und Stürmer tauschen.

Mannschaft	Tore Vorrunde	Tore Rückrunde	**Ergebnis**
Mannschaft 1			
Mannschaft 2			
Mannschaft 3			
Mannschaft 4			
Mannschaft 5			

Formel 1

Einstellung: In die Vollen

Spielart: Einzelspiel

Zuerst wird die Startaufstellung ermittelt: Die Startaufstellung entspricht der „kleinen Hausnummer“.Die kleinste Zahl entspricht der schnellsten Zeit. Startplatz 1 bis 3. bekommen 3, 2 bzw. 1 Punkte, die im Ziel dazugerechnet werden. Es werden 6 Runden gefahren = 6 Wurf in die Vollen Jedes gefallene Holz zählt 1 Punkt. Es können 2. Boxenstops gemacht werden. (Muss nicht). Der Boxenstop muss direkt nach dem Wurf angezeigt werden. Dieser Wurf bringt dann keine Punkte, dafür zählt der nächste Wurf zweifach. Werden zwei Boxenstops hintereinander gemacht, zählt der nächste Wurf dreifach. Im Ziel (nach 6 Runden) werden die Punkte aus der Startaufstellung und den gefahrenen Runden zusammengezählt. Die höchste Punktzahl gewinnt.

Name	Startaufstellung	Runde 1	Runde 2	Runde 3	Runde 4	Runde 5	Runde 6	Ergebnis

Galgenspiel (Galgenmännchen)

Einstellung: In die Vollen
Spielart: Einzelspiel
Wurf: 2

Jeder Spieler wirft abwechselnd zweimal in die Vollen. Die beiden Würfe werden jeweils addiert. Ziel ist es, mehr Kegel umzuwerfen als jeweils der direkte Vorgänger. Gelingt dies nicht oder wird nur die gleiche Zahl geworfen, wird beim 2. Werfer am Galgen gezimmert. Dabei wird zuerst ein Hügel, dann der Galgen, dann der Kopf und dann der Rest des Galgenmännchens für den jeweiligen Spieler an die Tafel gemalt. Danach ist man Tot und darf nicht mehr Mitspielen. Gewinner ist der letzte überlebende.

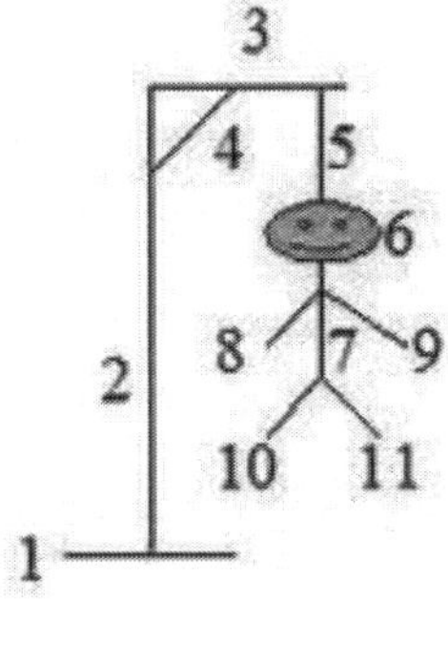

Gittas Spiel

Einstellung: In die Vollen

Spielart: Einzelspiel

Wurf: 1

Es werden 5 Durchgänge a 1 Wurf gekegelt. Jeder kegelt für sich. Nach jedem Durchgang wird die niedrigste Zahl mit 0 Punkten bestraft, dafür wird die höchste Zahl verdoppelt. Alle 5 Durchgänge werden pro Kegler addiert.

Name	Runde 1	Runde 2	Runde 3	Runde 4	Runde 5	Ergebnis

Gunzer

Einstellung: Abräumen ohne Kranzwertung

Spielart: Mannschaftsspiel

Wurf: 3

Es werden zwei gleichstarke Mannschaften gebildet, be ungerade Teilnehmerzahl muss ein Spieler zweimal teilnehmen. Es wird auf Abräumen ohne Kranzwertung gespielt. Durchgang 1: Jeder Spieler hat drei Würfe, die er zusammenhängend spielt.. Begonnen wird in die Vollen. Beim ersten Durchgang zählt hierbei jedes Eck (Vordereck, Bauern, und Bissmark) 10 Punkte; jeder weitere Kegel nur 1 Punkt. Die volle Platte also 45 Punkte. Räumt der Spieler schon beim 1.oder 2. Schub ab, darf wieder aufgestellt und in die Vollen geschoben werden. Durchgang 2: Jeder Spieler hat nur noch zwei Würfe. Hierbei zählt jede Dame 10 Punkte; die restlichen Kegel wieder nur 1 Punkt; das volle Platt also wieder 45 Punkte. Wird beim ersten Schub abgeräumt, darf der zweite Schub wieder in die Vollen geworfen werden. Durchgang 3: Jeder Spieler hat nur noch einen Wurf. Hierbei zählt der König 37 Punkte und jeder andere Kegel nur noch 1 Punkt. Die ganze Platte also wieder 45. Sieger wird jene Mannschaft, die am Schluss insgesamt am meisten Punkte erspielt hat.

Mann schaft 1 Spieler	Durch gang 1	Durch gang 2	Durch gang 3	Ergeb nis	Mann schaft 2 Spieler	Durch gang 1	Durchgang 2	Durch gang 3	Ergeb nis

Hau den König

Einstellung: In die Vollen
Spielart: Einzelspiel
Wurf: 2

Jeder Kegler hat je 2 Wurf in die Vollen (das Spiel geht fünf Runden lang) fällt dabei der König wird das Holz mit sich malgenommen bleibt jedoch der König stehen zählen die Holz nur einfach. Beispiel: Fallen 5 Holz inkl. König zählt der Wurf 25 Punkte bleibt der König jedoch stehen zählt er nur einfach 5 Holz.Am Ende werden alle Punkte zusammen gezählt und der mit den meisten Punkten ist der Sieger.

Name	Runde 1	Runde 2	Runde 3	Runde 4	Runde 5	Ergebnis

Jeder Spieler errichtet sein eigenes Haus. Jeder Wurf der eine gerade Zahl darstellt zählt als Bauteil. Man darf solange werfen (weiterbauen), bis eine ungerade Zahl fällt, dann ist der nächste Hausbauer an der Reihe. Wird eine 3 geworfen, muss das letzte Bauteil abgerissen werden. Der Sieger ist derjenige mit einem fertigen Haus aus 11 Bauteilen.

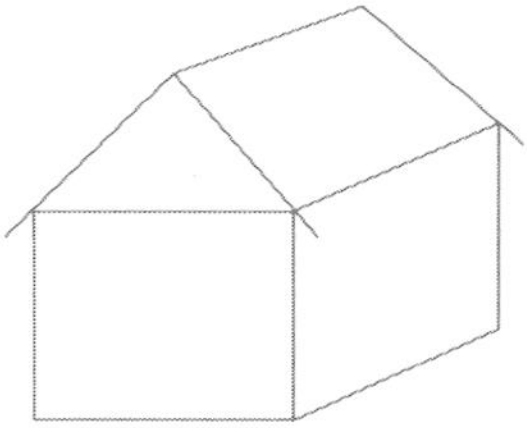

Hausnummern (niedrige und hohe Hausnummer)

Einstellung: In die Vollen
Spielart: Einzelspiel
Wurf: 1

Jeder Spieler macht in drei Durchgängen jeweils einen Wurf in die Vollen und bestimmt, an welche Stelle der Hausnummer die Zahl geschrieben werden soll (Links, Mitte, Rechts).
Bei hoher Hausnummer zählt der Pudel 0, bei niedriger Hausnummer zählt der Pudel 9.
Bei der hohen Hausnummer gewinnt die höchste Hausnummer, bei der niedrigen Hausnummer entsprechend die niedrigste dreistellige Nummer.

Große und kleine Hausnummer

	Kleine Hausnr				Große Hausnr		
Name:	1	2	3		1	2	3

Hell-Dunkel

Einstellung: Abräumen

Spielart: Pärchenspiel

Wurf: 1

Für dieses Spiel werden Pärchen gebildet, am Besten mit Paarweise passenden Karten aus einem Skatspiel, zb Schwarzer König mit rotem König, oder Roter Bube mit schwarzem Bube. Der Spieler mit der schwarzen Karte muss im Dunkeln kegeln der Andere im Hellen. Der Spieler, welcher im Dunkeln spielen muss beginnt die Runde auf die Vollen. Anschließend kegelt der rote Spieler auf die stehen gebliebenen Kegel (abräumen). Verloren haben die Pärchen mit den wenigsten Holz.

Pärchen	Wurf in die Vollen	Wurf auf Abräumen	**Ergebnis**

Hinterholz mit 2 Damen

Einstellung: Bilder

Spielart: Mannschaftsspiel

Wurf: 1

Zwei Mannschaften werden ausgelost. Das Gerät steht auf Abräumen. Jede Mannschaft kegelt einen vollen Durchgang. Jeder Spieler hat pro Antritt einen Wurf. Ist das Bild abgeräumt, wird neu aufgestellt. Insgesamt drei Durchgänge. Es gewinnt die Mannschaft mit der höchsten Holzzahl.

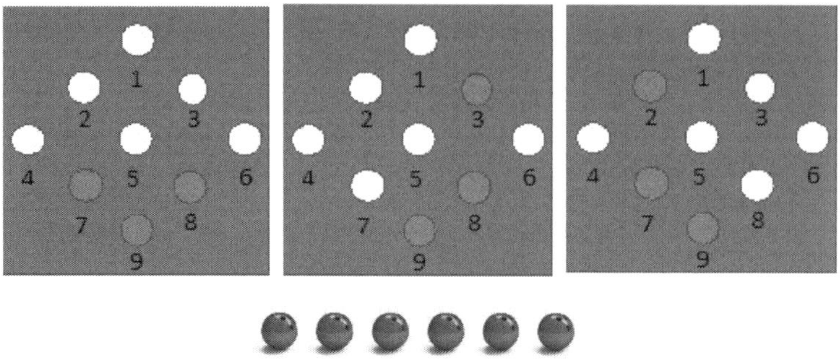

Hinterkranz holen

Einstellung: Bilder

Spielart: Mannschaftsspiel

Wurf: 1

Zwei Mannschaften werden ausgelost. Gerät steht auf Abräumen. Jede Mannschaft kegelt einen vollen Durchgang. Jeder Spieler einer Mannschaft hat einen Wurf. Ist ein Bild abgeräumt wird neu aufgestellt. Insgesamt werden 3 Durchgänge gespielt. Es gewinnt die Mannschaft mit der höchsten Holzzahl. Hinterkranz wird aufgestellt.

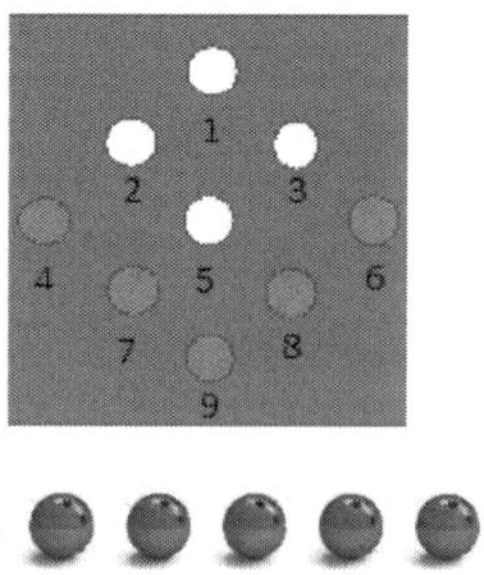

Hochsprung Variante 1

Einstellung: In die Vollen

Spielart: Einzelspiel

Wurf: 5

Es werden 5 Würfe pro Durchgang gespielt. Die ersten 4 Würfe werden addiert (Anlauf) und dann mit dem fünften Wurf multipliziert (Absprung). Die Latte liegt zum Anfang bei einer Höhe von 140 cm (= 140 Punkte) Nach jedem Durchgang wird die Latte 10cm höher gelegt. Jeder Spieler kann zweimal versuchen über die Latte zu kommen. Jeder Spieler kann die Höhe der Latte selbst bestimmen, Beispiel: Spieler 1 meint, dass er eine Höhe von 160 cm schafft, steigt er erst bei 1,60 m in den Wettkampf ein. Wenn er an der Reihe ist wirft er 5+7+6+3 und eine 6 das ergibt 21 x 6 = 1,26 m, damit ist sein erster Versuch misslungen. Wenn Spieler 1l wieder an der Reihe ist kann er einen zweiten Versuch über 1,60 m versuchen oder er lässt die Höhe aus und versucht gleich 1,70 oder 1,80 m dafür steht ihm dann allerdings nur noch ein Versuch zur Verfügung. Sollte Spieler 1 den zweiten Versuch nicht schaffen ist er aus dem Spiel und vermutlich letzter. Anmerkung : Eine gewählte Höhe kann nicht wieder zurückgenommen werden, das heißt, wenn ein Spieler 1,60 m gewählt hat und diese im 1. Versuch nicht überwinden kann, darf er die Latte nicht auf 1,50 m zurücklegen. Gewonnen hat der Spieler der die größte Höhe mit den wenigsten Versuchen überwunden hat. Ein Spiel mit Spannung, Vertrauen in seine eigene Leistung und ein bisschen Glück. Wertung: Spieler zahlt eine vorher ausgemachte Strafe in die Kegelkasse je nach Platzierung.

Name Spieler	Wu rf 1	+	Wu rf 2	+	Wu rf 3	+	Wu rf 4	=	Zwisch en	X	Wu rf 5	Ende r	gef.

									ergebn is			gebn is	Hö he
		+		+		+		=		X			
		+		+		+		=		X			
		+		+		+		=		X			
		+		+		+		=		X			
		+		+		+		=		X			
		+		+		+		=		x			

Hochsprung Variante 2

Einstellung: In die Vollen
Spielart: Einzelspiel
Wurf: 3

Zuerst müssen sich die Teilnehmer für die Endrunde qualifizieren. Dazu müssen mit drei Würfen in die Vollen mindestens 12 Holz geworfen werden. Wer weniger als 12 Holz schafft scheidet sofort aus. Die Endrunde beginnt mit 14 Holz für drei Würfe. Dann wird die Latte in jeder Runde um zwei Punkte höher gelegt, auf 16, 18, 20 etc. Wer die nötige Holzzahl aus drei Würfen nicht schafft, scheidet aus. Strafen werden nach Runde des Ausscheidens (z.B. Qualifikation 2,50 Euro, Ausscheiden in der ersten Runde = 2,- Euro, zweite Runde = 1,50 Euro, Dritte Runde = 1,25 Euro, Vierte Runde= 1,- Euro, Fünfte Runde= 0,75 Euro, Sechste Runde= 0,50 Euro, Siebte Runde= 0,25 Euro) oder nach Reihenfolge des Ausscheidens (bei 6 Teilnehmern: als erster ausgeschieden 0,25 Euro, zweiter 0,20 Euro usw.) berechnet.

Name Spieler	Wurf 1	+	Wurf 2	+	Wurf 3	=	<12 dann weiter		Wurf 1	+	Wurf 2	+	Wurf 3	=	Höhe	Gef Höhe
		+		+		=				+		+		=		
		+		+		=				+		+		=		
		+		+		=				+		+		=		
		+		+		=				+		+		=		
		+		+		=				+		+		=		
		+		+		=				+		+		=		

Holzvorgabe 101

Einstellung: Abräumen
Spielart: Mannschaftsspiel
Wurf: 12

Zwei Mannschaften werden gebildet. Gekegelt wird auf Abräumen. Pro Mannschaft gibt es 12 Würfe. Die Mannschaften kegeln die 12 Würfe hintereinander. Die Spieler einer Mannschaft kegeln der Reihe nach. Nach jedem abgeräumten Bild wird erneut aufgestellt. Erreicht eine Mannschaft die Vorgabe nicht, zahlt sie pro nicht erreichtem Holz 0,10 € in die Kasse.

Mannschaft	Wu rf 1	Wu rf 2	Wu rf 3	Wu rf 4	Wu rf 5	Wu rf 6	Wu rf 7	Wu rf 8	Wu rf 9	Wu rf 10	Wu rf 11	Wu rf 12	Erge b nis

In die Vollen (Mannschaftsvariante)

Einstellung: In die Vollen
Spielart: Mannschaftsspiel
Wurf: 3

Zwei Mannschaften werden gebildet. Die Mannschaften schicken ihre Spieler abwechselnd nach jedem Wurf auf die Bahn. Jeder Spieler hat pro Antritt drei Würfe. Hierbei ist zu beachten, dass nach jedem Wurf das Vorderholz noch stehen muss. Steht es nicht mehr, wird der Wurf nicht gewertet. Beliebig viele Durchgänge sind möglich. Es gewinnt die Mannschaft mit der höchsten Gesamt-Holzzahl.

Man n scha ft 1 Spiel er	Durc h gang 1	Durc h gang 2	Durc h gang 3	Ergeb nis	Ma nns chaf t 2 Spie ler	Durc h gang 1	Dur chg ang 2	Durch gang 3	Erge bnis

			Summe Mannschaft 1					Summe Mannschaft 2	

Katz und Maus (Variante von Fuchsjagd)

Einstellung: In die Vollen

Spielart: Einzel/Mannschaft

Wurf: 1

Ein Spieler, die Katze, versucht im vollen Bild genauso viele Kegel umzuwerfen, wie der vor ihm werfende Spieler, eine Maus. Alle Spieler werfen reihum jeweils abwechselnd mit der Katze. Schafft die Katze es, die gleiche Kegelzahl umzuwerfen, erhält sie einen Punkt, bei gleichem Bild sogar 2 Punkte. In allen anderen Fällen bekommt die Maus einen Punkt. Nachdem jeder Spieler einmal gegen die Katze angetreten ist, übernimmt reihum jeweils der nächste Spieler die Rolle der Katze. Hat die Katze am Ende mehr Punkte als die Mäusemenge hat die Katze gewonnen und die Mäuse verloren.

Katz e	Mau s	Katz e	Mau s	Katze	Ma us	Katz e	Ma us	Katze	Maus

Königsspiel Einstellung: In die Vollen Spielart: Partnerspiel Wurf: 2
Jeweils zwei Partner spielen miteinander. Es gilt mit zwei Würfen möglichst viel abzuräumen, wobei jeder Partner abwechselnd den ersten Wurf hat. Bleibt nach zwei Würfen der König stehen, wird die einfache Zahl der geworfenen Kegel gezählt, fällt aber der König mit, so wird das Ergebnis potenziert. Also: 6 ohne König zählt 6, 6 mit König zählt 6 x 6 = 36 Besonders günstig ist die Mannschaft dran, deren Vorwerfer eine 9 erzielt hat, denn der Wurf des folgenden Partners wird dazugezählt und das ganze potenziert. Also: 9 + 7 = 16, zählt 16 x 16 = 256. 10 Durchgänge werden gespielt, das Ergebnis addiert.

Pärchen	Wurf 1 die Vollen	Wurf 2 auf den Rest	**Ergebnis**

Lattenzaun

Einstellung: In die Vollen

Spielart: Einzelspiel

Wurf: 1

Eine Partie in die Vollen. Jeder Spieler hat pro Antritt einen Wurf und versucht möglichst hohe Werte zu kegeln, die mit seinem Vorkegler aufgerechnet werden. Ein ausgeloster Kegler (A) legt den Wurf vor. Beispiel: A legt 6 Holz vor: B wirft 5 Holz = 1 Strich für B C wirft 7 Holz = 1 Strich für A D wirft 4 Holz = 2 Striche für D E wirft 8 Holz = 2 Striche für A F wirft 6 Holz = kein Strich Die angekreideten Striche werden mit 5 Cent gewertet. Alle Spieler zahlen in die Kasse. Jeder Spieler ist einmal Vorkegler.

Spieler	Striche

Linker Bauer mit 2 Damen

Einstellung: Bilder

Spielart: Mannschaftsspiel

Wurf: 1

Zwei Mannschaften werden gebildet. Das Gerät steht auf Bilderkegeln. Jeder Spieler hat einen Wurf. Das Bild muss in 1 Wurf abgeräumt werden. Die Spieler der Mannschaften kegeln wechselseitig gegeneinander. Drei Durchgänge. Die Mannschaft mit den meisten abgeräumten Bildern gewinnt.

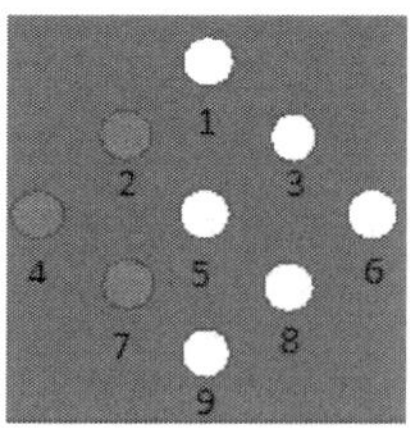

Lübecker Spiel

Einstellung: Abräumen

Spielart: Einzel/Mannschaft

Wurf: 3

Das Abräumspiel Lübeckern bezeichnet Formationen, bei denen entweder die Kegel 4 und 6, Klein-Lübeck, oder die Kegel 1, 4, 6 und 9, Groß-Lübeck, oder bestimmte andere Kegel stehen bleiben sollen, denn für sie gibt es Sonderpunkte. Jeder Spieler muss 200 Punkte abkegeln und hat dafür pro Durchgang drei Würfe. Der erste Wurf geht in die Vollen, der zweite und der dritte Wurf zielen, auf die verbleibenden Kegel. Kegelt ein Spieler im ersten Wurf sieben oder acht Holz ohne Sonderwertung, darf er, sofern er will, zum zweiten Wurf neu aufstellen lassen und erneut in die Vollen kegeln. Der erste Wurf wird dann jedoch nicht gewertet. Die Wertung Jedes gefallene Holz zählt 1 Punkt. Darüber hinaus erhalten Sie für die folgenden Bilder Extrapunkte: Sonderwertung -> Naturkranz : 48 Punkte -> Kranz auf zwei oder drei Wurf: 36 Punkte -> Acht ohne Vordereck(holz): 30 Punkte -> Acht ohne Hintereck(holz): 12 Punkte -> Vordereck fällt allein: 6 Punkte -> Beide Bauern verbleiben (Klein-Lübeck): 25 Punkte -> Alle vier Eckkegel verbleiben (Groß-Lübeck): 50 Punkte -> Hamburg (Kegel 4, 5 und 6 verbleiben): 10 Punkte -> Herz (die Kegel 1, 5 und 9 fallen): 10 Punkte Steht ein Bild, so stellt der Spieler neu auf, sofern er noch Kugeln frei hat. Variante Da es schon eines gewissen Könnens bedarf, ein Groß-Lübeck aus den Vollen zu kegeln, können Sie sich das Spiel erleichtern: Hat ein Spieler die Kegel eines Groß-Lübecks in einem Wurf gefällt, werden sie für den nächsten Wurf wieder mit aufgestellt. Haben Sie beispielsweise im ersten Wurf ein Herz gekegelt, so wird für ihren zweiten Wurf ein Kranz aufgestellt.

Name Spieler	Holz	Wurf 1	+ (-)	Wurf 2	+ (-)	Wurf 3	+ (-)	Wurf 4	+ (-)	Usw.
	200									
	200									
	200									
	200									
	200									
	200									

Pärchenkegeln

Einstellung: In die Vollen
Spielart: Partnerspiel
Wurf: 5

Es werden Pärchen gebildet. Das Spiel wird in 8 Durchgängen gespielt. Die beiden Kegler eines Pärchens kegeln abwechselnd. in den ersten 2 Durchgängen werden von jedem Spieler 5 Würfe in die Vollen geworfen, danach folgen 6 Runden Abräumen, wobei die Kegler jeder 2 Wurf haben. Nach jedem Kegler wird neu aufgestellt. Das Pärchen mit den wenigsten Punkten zahlt.

Pärchen	Vollen	Vollen	**Abräumen**	**Abräumen**	**Abräumen**	**Abräumen**	**Abräumen**	**Abräumen**

Pastörken

Einstellung: In die Vollen
Spielart: Mannschaftsspiel
Wurf: 3

Jeder Spieler hat 3 Würfe. Er muss um das Vorderholz herum nach Möglichkeit alles abräumen. Sobald das Vorderholz fällt, hat der Spieler 0 Punkte und muss sich setzen. Gezählt werden die geholten Holz. Wertung = Jeder Spieler zahlt die Differenz zum höchsten geholten Holz mal 20 Cent. Kegelspiel um einfach die Kegelkasse aufzufüllen

Name	Wurf 1	Wurf 2	Wurf 3	Ergebnis

Plus,minus,mal,geteiltPlus,minus,mal,geteilt

Einstellung: In die Vollen
Spielart: Einzelspiel
Wurf: 5

Gekegelt wird jeweils in die Vollen. Jeder Kegler hat 5 Wurf. Die ersten beiden Würfe werden addiert (plus) der dritte Wurf wird subtrahiert (minus) der vierte Wurf wird multipliziert (mal) der fünfte Wurf wird dividiert (geteilt) Verlierer sind die letzten 3 mit dem wenigsten Holz.

1 Wurf	+	2Wurf	=	?	-	3Wurf	=	?	x	4 Wurf	=	?	/	5 Wurf	=	Ergebnis

Rausschmeißerspiel

Einstellung: In die Vollen
Spielart: Einzelspiel
Wurf: 1

Hierbei wird die Reihenfolge der Mitspieler ausgelost. Jeder Spieler zahlt 50 Cent in einen Topf. Es werden 100 Punkte für jeden Spieler notiert. Dann wird in die Vollen gekegelt. Die erzielten Holz des Keglers werden dem jeweiligen Vordermann von seinem Punktekonto abgezogen. Wer keine Punkte mehr hat fliegt Raus (verlorenes Spiel) Der letzte Spieler ist der Sieger und erhält den Topf.

Spieler	Wurf 1	Wurf 2	Wurf 3	Wurf 4	Wurf 5	Wurf 6	Wurf 7	Wurf 8	Wurf 9	Wurf 10	usw

Rechts-Links-Vorn-Hinten-Mitte

Einstellung: Abräumen ohne Kranzwertung
Spielart: Partnerspiel
Wurf: 2

Es werden zwei Mannschaften durch Zusammenlosen gebildet, und paarweise auf die Tafel geschrieben. Die Kegelbahn wird auf 2 Wurf abräumen eingestellt. Dann werden 5 Durchgänge gekegelt. 1 Runde sollte der linke Kegel, 2. Runde der rechte, 3. Runde der vordere, 4 Runde der hintere, 5 Runde der mittlere Kegel dabei sein. Es wird im Wechsel gespielt. Im ersten Durchgang beginnt der erstgeschriebene, im zweiten Durchgang der Zweitgeschriebene, dritter Durchgang wieder erstgeschriebene usw., bis alle 5 Durchgänge gelaufen sind. Das Ergebnis beider Würfe pro Durchgang wird unter den jeweiligen Pärchen geschrieben und am Ende zusammen gezählt. Wertung: ist der abgebildete Kegel, z.B. 1. Durchgang der linke dabei, werden die gefallenen Kegel mit sich selbst multipliziert, ansonsten nur die gefallenen Kegel. z.B. 6 gefallene Kegel im Bild 1 mit dem linken wären dann 6x6 =36 ohne nur 6, maximale Punktzahl pro Durchgang 162. Sieger ist die Mannschaft mit der höchsten Punktzahl

Pärchen	Runde 1	Runde 2	Runde 3	Runde 4	Runde 5	Ergebnis

Ringkampf

Einstellung: In die Vollen
Spielart: Mannschaftsspiel
Wurf: 5

Es werden 2 Mannschaften gebildet. Bei ungerader Kegleranzahl muss ein Kegler aus der Mannschaft, die weniger Kegler hat, doppelt kegeln. Jeweils ein Kegler aus der ersten Mannschaft tritt gegen einen Kegler aus der zweiten Mannschaft an. Jeder Kegler hat fünf Wurf in die Vollen, immer im Wechsel mit dem Kegler der anderen Mannschaft. Die Würfe vom Kegler der ersten Mannschaft werden mit den Würfen vom Kegler der zweiten Mannschaft verglichen, und das jeweils höhere Ergebnis aufgeschrieben. Bei gleichen Würfen werden beide Ergebnisse gestrichen. Die Mannschaft mit dem höchsten Endergebnis gewinnt. Die Verlierermannschaft bezahlt pro Kegler einen vorher festgelegten Betrag

Mannschaft 1	Wurf 1	Wurf 2	Wurf 3	Wurf 4	Wurf 5	Mannschaft 2	Wurf 1	Wurf 2	Wurf 3	Wurf 4	Wurf 5	Ergebnis

Risikospiel

Einstellung: Abräumen ohne Kranzwertung
Spielart: Einzelspiel
Wurf: 20

Jeder Kegler darf solange das Brett abräumen, bis das Vorderholz fällt oder keine Punkte erzielt werden (Pudel, Durchläufer, Vorbeiläufer etc.). Fällt das Vorderholz, so fängt er wieder bei Null an. Man kann jederzeit aufhören und sich das bis dahin geworfenen Holz gutschreiben lassen. Hat ein Kegler rund um das Vorderholz abgeräumt, darf er ein neues Brett aufstellen und von vorne beginnen. Die Höchstzahl an Durchgängen wird vorher festgelegt. Der Spieler mit dem meisten Holz gewinnt.

Schnapszahl

Einstellung: In die Vollen
Spielart: Mannschaftsspiel
Wurf: 1

Man kegelt in 2 Mannschaften bis 100 und darf in der Summe keine Schnapszahl, 11, 22, 33,... erreichen. Die Mannschaft fängt wieder bei Null an, wenn ein Spieler eine Schnapszahl erreicht.

Schräger Otto

Einstellung: In die Vollen
Spielart: Einzelspiel
Wurf: 1

Es werden 5 Durchgänge in die Vollen gespielt, wobei der erste Durchgang 1-fach, der zweite doppelt, der dritte 3-fach, der vierte doppelt und der letzte wieder einfach gewertet werden. Wer die meisten Punkte erreicht, gewinnt. Der Kranz wird mit 12 Punkten gewertet.

Schuldenspiel

Einstellung: In die Vollen
Spielart: Mannschaftsspiel
Wurf: 1

Jede Mannschaft hat 12 Euro Schuldvorgabe, die beiden Mannschaften schieben abwechselnd in die Vollen. Das Spiel ist beendet, wenn eine Mannschaft ihren Schuldenberg abgetragen hat. Die Schulden werden folgendermaßen abgebaut: 5 Holz = Cent -,20 6 Holz = Cent -,50 7 Holz = Cent -,80 8 Holz = Euro 1,00 9 Holz = Euro 1,50 Kranz = Euro 2,00 Die Spieler der Mannschaft, die verliert zahlen den Restbetrag / Anzahl der Spieler.

Schuldner-Partie

Einstellung: In die Vollen

Spielart: Einzelspiel

Wurf: 5

Jeder Spieler hat bei der Kasse 3,00 Euro Schulden. Jeder Spieler hat 5 Würfe in die Vollen, die er einzeln ausführt. Vom geschuldeten Betrag wird nach jedem Wurf die erreichte Holzzahl bewertet und abgezogen. Bewertung: 1 bis 5 Holz = 0,15 Euro, 6 Holz = 0,45 Euro, 7 Holz = 0,65 Euro, 8 Holz = 0,80 Euro, 9 Holz = 1,00 Euro und für Kranz = 1,25 Euro. Guthaben kann nicht entstehen, da bei der Tilgung der Schuld der Spieler lediglich schuldenfrei ausscheidet. Verbleibende Restschuld nach dem 5. Wurf muss in die Kasse einbezahlt werden.

Schwedenspiel

Einstellung: In die Vollen
Spielart: Einzelspiel
Wurf: 3

Jeder Spieler hat hintereinander drei Kugeln zu Kegeln. Nach jedem Wurf wird neu aufgesetzt und im zweiten Durchgang dürfen nur zwei Kugeln gekegelt werden, im dritten dagegen nur noch eine Kugel. Gewonnen hat der Kegler, welcher das niedrigste Resultat hat.

Sechstagerennen 1

Einstellung: Abräumen ohne Kranzwertung
Spielart: Partnerspiel
Wurf: 2

Vor Beginn des Spieles werden jeweils zwei Kegler als Mannschaft ausgelost. Dann wirft jeder Partner einmal in das auf Abräumen eingestellte Kegelfeld. Jedes umgeworfene Holz zählt 1 Punkt. Die Anzahl der geworfenen Hölzer wird mit dem Tage des Rennens multipliziert, also: Montag mal 1; Dienstag mal 2; Mittwoch mal 3; Donnerstag mal 4; Freitag mal 5; Samstag mal 6. Gesamtsieger ist die Mannschaft, die am Sonntag (am

Ruhetag werden alle Punkte addiert) die höchste Punktzahl erreicht hat.

	Spieler Name	Tag 1	Tag 2	Tag 3	Tag 4	Tag 5	Tag 6	Erge b nis
Mannschaf t 1								
Mannschaf t 2								
Mannschaf t 3								
Mannschaf t 4								

Siebenerreihe

Einstellung: In die Vollen
Spielart: Einzelspiel
Wurf: 2

Es werden sechs Spalten mit den Zahlen 14,21,28,35,42 und 49 gebildet. Jeder Spieler hat in sechs Runden jeweils zwei Würfe in die Vollen. Die Ergebnisse werden miteinander multipliziert und in eine der Spalten geschrieben. In welche Spalte geschrieben wird, entscheidet jeder Spieler selbst. Die Differenz zur Zahl über der Spalte wird pro Punkt mit fünf Cent berechnet: z.B. 24 Punkte in der 21er Spalte: 15 Cent.

Spieler	14	21	28	35	42	49	Ergeb nis

Steigerung

Einstellung: In die Vollen
Spielart: Einzelspiel
Wurf: 1

Gekegelt wird jeweils 1 Wurf in die Vollen. Das Ergebnis wird nur notiert, wenn der Wurf höher ist, als der des Vordermannes. Gespielt werden 5 Runden. Die Reihenfolge sollte vor Spielbeginn ausgelost werden. Dauer:5 Wurf pro Kegler.

Spieler	Wurf 1	Wurf 2	Wurf 3	Wurf 4	Wurf 5	Ergebnis

Teufelsspiel

Einstellung: In die Vollen
Spielart: Einzelspiel
Wurf: 1

2 Mannschaften werden gebildet. Jeder Spieler kann selbst bestimmen wie lange er kegeln will. Alle Hölzer werden addiert. Sobald ein Pudel, eine 3 oder eine 5 fallen, wird alles gelöscht und man muss sich setzten. Man bestimmt also selber wenn man seine erzielten Hölzer notiert haben möchte. Dann ist ebenfalls der nächste an der Reihe.

Spieler	Wurf 1	Wurf 2	Wurf 3	Wurf 4	Wurf 5	Wurf 6	Wurf 7	Wurf 8	Wurf 9	Wurf 10	usw	Ergebnis

Telefonieren Einstellung: In die Vollen Spielart: Einzelspiel Wurf: 1
1. Runde. Jeder Kegler legt eine Zahl vor und notiert diese neben seinem Namen auf der Tafel. 2. Runde, jetzt kegelt man zuerst auf die Vollen und versucht nicht seine zuvor erzielten Holz zu holen. Die Zahl die fällt ist die Telefonnummer, die man anruft. Dann kegelt man noch einmal, die Anzahl der Hölzer, die jetzt fallen werden demjenigen, der die Telefonnummer hat als Strafpunkte angekreidet. Beispiel: Irmi hat in der 1. Runde eine 5 gekegelt. Das ist jetzt ihre Telefonnummer. Jeder, der in der 2. Runde als 1. Wurf diese Zahl wirft ruft sie an und sie bekommt die Punkte des 2. Wurfs als Strafe berechnet. Es ist möglich, dass mehrere Kegler die selbe Telefonnummer haben.

Spieler	Tel Nr.	Anruf Tel Nr	Strafpunkte

Tortenspiel

Einstellung: In die Vollen

Spielart: Einzelspiel

Wurf: 1

Man malt auf eine Tafel eine Torte. Diese Torte teilt man in soviel Stücke, wie Personen anwesend sind. Die Namen schreibt man in die Stücke. Irgend jemand fängt an zu kegeln, z.B. er kegelt eine 4, dann muss man 4 Tortenstücke im Uhrzeigersinn weiter zählen und derjenige bekommt einen Strich. Diese Person ist nun am Zug und immer so weiter. Wer zuerst 5 Striche in seinem Tortenstück hat, der fliegt raus und zahlt den Höchstbetrag (Anzahl der Spieler (abzüglich einer Gewinnerperson) x 0,20 Cent). Jeder weitere Spieler der verliert, zahlt dann je Tortenstück 0,20 Cent weniger. Beispiel: 10 Spieler (9 Spieler x 0,20 Cent = 1,80 Euro Höchstbetrag). Also muss der erste Verlierer 1,80 Euro bezahlen, der nächste 1,60 Euro und immer so weiter. Wer einen Pudel wirft, bekommt einen Strich und muss noch mal kegeln. Variante: zahlt der Verlierer 0,50 Cent, so kann er wieder mitspielen. maximal 1 mal.

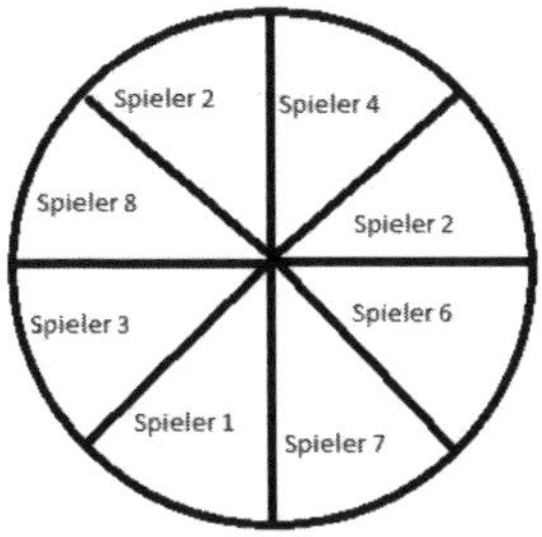

Ü-Ei Kegeln

Einstellung: In die Vollen
Spielart: Alle gegen einen
Wurf: 1

Ein sehr lustiges Spiel. Auch für Kindergeburtstage geeignet.
Jeder Spieler bekommt ein Überraschungsei. Ein Kegler beginnt sein Ü-Ei auszupacken, zu verzehren und den Inhalt zusammen zu basteln. Während er auspackt, isst und bastelt, kegeln die anderen Mitspieler abwechselnd in die Vollen. Für jedes gefallene Holz zahlt der bastelnde Spieler 10 Cent, bis er das Ei auf hat und den Inhalt zusammengebastelt hat. Hat er eine Figur als Inhalt (z.B. ein Schlumpf), so hat er Glück, und muss nur das Schoko-Ei essen. Ist ein Puzzle im Ü-Ei kann es teuer werden.
Variante 1: Es muss erst eine 6 fallen, bevor die Punkte gezählt werden.

Verflixte Sechs

Einstellung: In die Vollen
Spielart: Mannschaftsspiel
Wurf: 20

Zwei Mannschaften versuchen jeweils als Erste mindestens 101 Punkte durch Würfe in die Vollen zu erreichen. Wie lange ein Durchgang läuft, bestimmt die jeweilige Mannschaft selbst und kann durch rechtzeitiges Aufhören ihre erzielten Punkte retten. Sieger ist die Mannschaft, die mindestens 101 Punkte oder mehr hat. Die zweite Mannschaft hat Nachwurf und kann so evtl. die andere Mannschaft überholen. Bewertung: Würfe < 3 zählen nicht. Es erfolgt Mannschaftswechsel. 3 Holz zählen, lösen aber Mannschaftswechsel aus. 6 Holz löschen alle in diesem Durchgang erzielten Punkte und lösen Mannschaftswechsel aus.

Mannschaft 1	Holz		Mannschaft 2	Holz	

Vier gewinnt

Einstellung: In die Vollen
Spielart: Mannschaftsspiel
Wurf: 1

Gespielt wird in 2 Mannschaften: Eine für +, eine für 0 Die Mannschaften werfen abwechselnd. Es wird ein Spielfeld aufgezeichnet: Ein 9 x 9 großes Raster. Dieses Raster wird auf der "X Achse" von 1 - 9 durchnummeriert. Wirft ein Spieler von + eine 5 , so wird in dieser Spalte ganz unten ein + hingezeichnet. Ziel ist es, wie im normalen Spiel auch, eine Viererreihe zu erlangen.

1								
2								
3								
4								
5								
6								
7								
8								
9								

Vierlinge

Einstellung: Bilder

Spielart: Einzel/Mannschaft

Wurf: 2

Das Spiel kann von Einzelspielern oder Mannschaften gespielt werden. Jeder Spieler oder jede Mannschaft darf je zweimal auf vier verschiedene Figuren werfen. Wird mit einem Wurf abgeräumt, darf wieder aufgestellt werden. Die Punkte werden zusammengezählt. Jeder geworfene Kegel zählt drei Punkte. Folgende Bilder werden aufgestellt: Bild 1. König, Rechte und Linke Hinterdame, Hinterholz. Bild 2. König, rechter Bauer und rechte Vorder- und Hinterdame. Bild 3. König, rechte und linke Vorderdame und Vorderholz Bild 4. König, linker Bauer und linke Vorder- und Hinterdame.

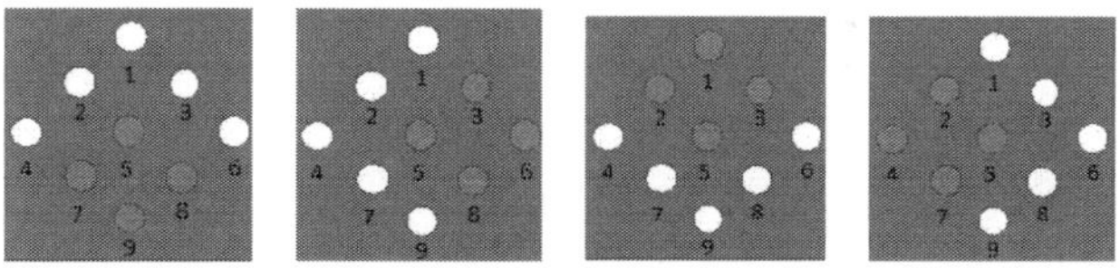

Vordereckspiel

Einstellung: In die Vollen

Spielart: Einzelspiel

Wurf: 1

Bei jedem Durchgang hat der Spieler einen Wurf in die Vollen. Das Holz zählt nur jeweils einen Punkt, wenn das Vordereck/Vorderholz stehen bleibt. Sonst ist der Wurf ungültig, ebenso wie bei Pudel und Durchläufer, die mit „0“ gewertet werden. Entsprechend der Durchgänge zählen die Treffer einfach, zweifach, dreifach etc. Das bedeutet im ersten Durchgang z.B. 6 Holz = 6 Punkte, im 2. Durchgang:4 Holz x 2 = 8 Punkte, im 3. = 3 Holz x 3 = 9 Punkte.

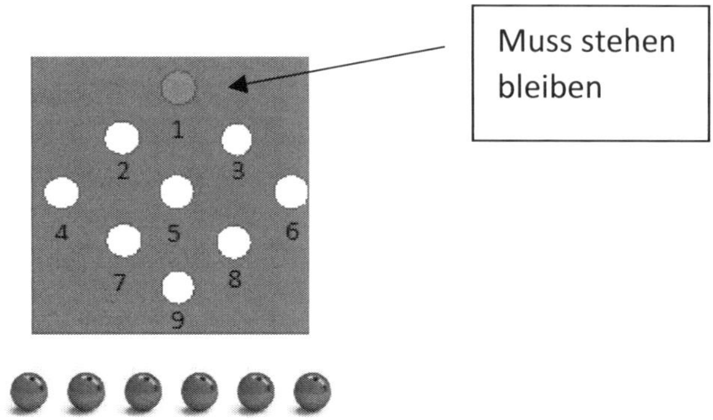

Vorderkranz holen

Einstellung: Bilder

Spielart: Mannschaftsspiel

Wurf: 1

Zwei Mannschaften werden ausgelost. Das Gerät steht auf abräumen. Jede Mannschaft kegelt einen vollen Durchgang. Jeder Spieler hat pro Auftritt einen Wurf. Ist das Bild abgeräumt, wird neu aufgestellt. Insgesamt drei Durchgänge. Es gewinnt die Mannschaft mit der höchsten Holzzahl aufgestellt wird der Vorderkranz.

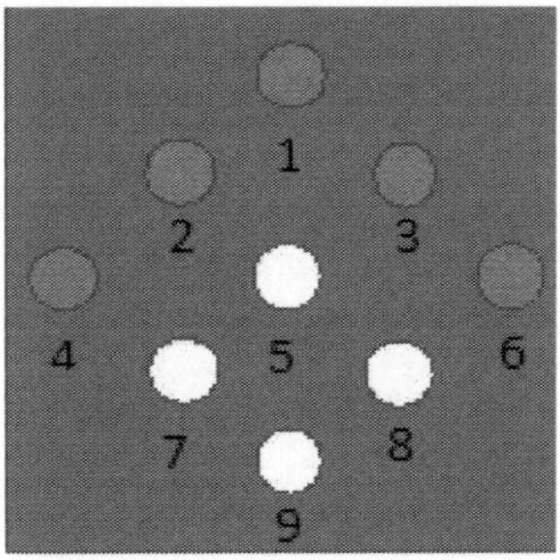

Vorhersagen

Einstellung: In die Vollen

Spielart: Einzelspiel

Wurf: 5

Jeder hat fünfmal einen Wurf in die Vollen. Der erste Wurf wird so gewertet wie er fällt. Der zweite Wurf gilt nur wenn über 5 geworfen wurden, wird dann aber mit 2 multipliziert. Der dritte Wurf gilt nur wenn unter 5 geworfen wurden, wird dann aber mit 3 multipliziert. Der vierte Wurf gilt nur wenn die richtige Holzzahl vorhergesagt wurde, wird dann aber mit 4 multipliziert. Der fünfte Wurf gilt wieder in die Vollen, wird aber mit 5 multipliziert.

Name	Wurf 1	Wurf 2	Wurf 3	Wurf 4	Wurf 5	Ergebnis

Wassergraben

Einstellung: In die Vollen

Spielart: Einzelspiel

Wurf: 2

Es werden alle Spieler an die Tafel geschrieben. Es wird immer abwechselnd 2 Wurf in die Vollen und dann 1 Wurf in die Vollen gekegelt. Es bestehen 3 Wassergräben. (11 Holz, 12 Holz, 13 Holz) Im ersten Durchgang müssen mit 2 Würfen mindestens 11 Holz geholt werden um über den Wassergraben zu gelangen. Wenn nicht ist der nächste an der Reihe. Fallen 11 Holz oder mehr, so werden diese aufgeschrieben. In der zweiten werfen alle, die den Wassergraben überwunden haben, 1 Wurf in die Vollen. Die geholten Holz werden zu dem Holz aus der Vorrunde dazuaddiert. Dann kommt der 2. Wassergraben usw. Wenn ein Spieler den letzten Wassergraben überwunden hat, haben alle nachfolgenden Spieler noch einen Nachwurf und die Partie ist beendet. Der Spieler mit dem meisten Holz gewinnt und alle anderen zahlen die Differenz mit 1Cent pro Holz.

Name	Wassergraben 11	Wassergraben 12	Wassergraben 13	Holz	Ergebnis

Wie Du mir, so ich Dir

Einstellung: In die Vollen

Spielart: Einzelspiel

Wurf: 1

Gekegelt wird reihum nach Auslosung des Beginners jeweils in die Vollen. Bei diesem Spiel konkurriert jeder Spieler stets sowohl mit dem Vorder- als auch mit dem Hintermann, da seine Würfe jeweils besser oder schlechter als die seiner unmittelbaren Konkurrenten sein können. Bessere Würfe bewirken bei den Konkurrenten jeweils einen Strich. Ist der eigene Wurf schlechter, muss man sich leider einen Strich verpassen. Bei gleichen Würfen zum Vorder- oder Hintermann entfällt der Strich. Ungültige Würfe werden immer mit einem Strich bestraft. Der Sieger kann auf zweierlei Art ermittelt werden: Es kann derjenige sein, der am Ende der vorab vereinbarten Durchgänge die wenigsten Striche auf seinem Konto hat, oder es scheiden die Spieler aus dem Wettbewerb aus, die sich 20 Striche notieren mussten. Auf diese Weise entstehen immer neue Konkurrenzen, da ja die schwächeren Spieler nach und nach ausscheiden.

Name	Vorgelegte Holz	Striche	Anzahl

Würfeln

Einstellung: In die Vollen
Spielart: Einzelspiel
Wurf: 1

Jedem Spieler werden 40 Punkte angeschrieben. Reihum wird gewürfelt. Wer eine 6 hat, kegelt so lange in die Vollen, bis der nächste eine 6 würfelt. Die dabei erkegelten Punkte werden von den 40 Punkten abgezogen.
Wer als erstes bei 0 ankommt, hat gewonnen, die anderen zahlen den Restbetrag in Cent mal 10 genommen (Rest von 20 Punkten mal 10 = 200 Cent.
Ansonsten endet das Spiel nach einer vorgeschriebenen Zeit z.B. 20 Min.

Name	Punkte	Holz	Rest

Zwillingskegeln

Einstellung: In die Vollen
Spielart: Einzel/Mannschaft
Wurf: 2

Jeder Spieler / Paar hat zwei Würfe. Dabei sollte versucht werden, mit dem 2 ten Wurf das gleiche Bild wie beim 1 ten Wurf zu erzielen, mindestens jedoch die gleiche Punktzahl. Bewertung: Ungleiche Holzzahl= jeder Kegel-Unterschied ein Minuspunkt. Gleiche Holzzahlen= beide Würfe werden multipliziert. Gleiches Bild = beide Würfe multiplizieren plus 25 Punkte. Das Spiel wird in Durchgängen gespielt. Gewinner ist der Spieler mit der höchsten Punktzahl.

Name	Wurf 1	Wurf 2	Ergebnis

Kegeltouren

Jedes Jahr dasselbe Problem? Die Kegeltour soll geplant werden, aber noch keine Idee wo die Reise hingehen soll?

Hier findest Du viele Tipps und Kegeltour Ziele für den nächsten Club Ausflug. In unseren Top 10 Listen (Kegeltouren Deutschland, Party Ausland, Städtetour Ausland) ist für jeden etwas dabei.

Im Vorfeld sollte man einige Punkte zur Clubtour abklären.

Hat überhaupt jemand Lust eine Kegeltour zu unternehmen oder gibt es Quertreiber die mit keinem Vorschlag zufrieden sind. Wenn Quertreiber da sind, dann sollte man besser auf eine Tour verzichten, denn diese Leute können den ganzen Spass verderben.

Wer organisiert das Event und werden Vorschläge von den Kegelbrüdern und Schwestern gemacht.

Dauer der Kegeltour:

Wie lange soll die Kegeltour dauern. Meistens wird ein verlängertes Wochenende gewählt, aber auch Tagesausflüge oder eine ganze Woche sind möglich.

Das Beförderungsmittel ist oft Ausschlaggebend was man am Zielort alles unternehmen kann, eine Anreise mit eigenem PKW und Fahrgemeinschaften haben sich bewährt, da man so flexibel auf Änderungen reagieren kann.(das geht natürlich nur im europäischen Festland)

Wie liegt der Schwerpunkt im Urlaub:

Städte-, Wellness-, Sauf- oder Club-Tour. Das ist hier die Frage und sollte im Vorfeld geklärt werden.
Tipp: Für eine Flugbuchung benötigt ihr den korrekten Vor- und Nachnamen, sowie das Geburtsdatum aller Mitreisenden. Also vor der Buchung nochmal die Daten abgleichen und notieren.

Was darf die Kegeltour kosten:

Wie voll ist die Clubkasse. Oder was ist jeder bereit zusätzlich für den Urlaub zu bezahlen. Vom Tagesausflug bis zur Mallorca All Inklusive Kegeltour ist alles möglich.

$ 0-150 €
$$ 150-300 €
$$$ 300-500 €
$$$$ >500 €

Eine kleine Auswahl von Reisezielen:

1. Sauerland $
Hier haben Sich viele Hotels auf Kegeltouren spezialisiert.

2. Münsterland $
In den Discos von Dorf Münsterland wird gefeiert bis der Arzt kommt.
Einmal im Jahr findet Europas größte Kegelparty in der Halle Münsterland statt. Es gibt auch einen Sambazug der von Köln, über Düsseldorf, Duisburg, Essen, Dortmund nach Münster fährt.

3. Norderney $$
Strand, Meer und Party auf kleinem Raum.

4. Mallorca $$$
Bei einigen Kegelclubs gehört der Ballermann zu Deutschland.

5. Eifel $
Viele gutbürgerliche Hotels mit Kegelbahn im Keller.

6. Mosel $
Das Moseltal mit seinen zahlreichen Burgen, Weinbergen und alten Städten ist immer gut für einen geselligen Kurzurlaub.

7. Rügen $$
Wird immer beliebter für die Kegeltour

8. Düsseldorf $
Hat die Längste Theke der Welt.

9. München $$
Hat bis zu 200 größere und kleinere Volksfeste jedes Jahr, vom Feuerwehrfest bis hin zum Oktoberfest.

10. Rhein $
Es gibt Partyschiffe die auf dem Rhein rauf und runter fahren.

Kegelbuch für Beiträge, Strafen, Schulden, Kredit und Kasse

Ein Kegelbuch ist notwendig um einen Überblick über die verschiedenen Strafen, Schulden und Beiträge zu haben.
Im Schreibwarenhandel gibt es fertig vorgedruckte Kegelbücher zu kaufen. Man kann sich aber auch eine Vorlage zu einem Kegelbuch selber ausdrucken und in einen Schnellhefter heften. Meist hat auch der Wirt der eigenen Kegelkneipe ein kostenloses Kegelbuch für die Kegler.

Im Kegelbuch stehen Datum, Namen, Beiträge, Strafen, Kredit, Schulden und Kassenbestand.
Die "Strafen" dienen dazu, im Laufe eines Jahres die Kasse zu füllen, um ohne einen Kredit aufzunehmen die nächste Kegeltour zu finanzieren. Unter Strafen versteht man z.B. verlorene Spiele, Pudel, Schnur berühren, neuner Wurf oder Naturkranz.

Der Kegelvorstand ist für die Finanzen zuständig und führt meist ein Konto bei einer Bank, auf dem Namen des Clubs für das überschüssige Geld.

Datum: ___________

					Spiele			Verlorene Spiele			Zahlung	Rest-Betrag	Ausgaben	
	Restbetrag vom: Euro:	Beitrag:	Strafen:	Volle	Abräume	Alle 9	Kranz				Euro	Euro	für:	Euro
Name:														
													Kegelbahn	
													insgesamt:	
													Abrechnung	
													Vortrag	
													Kassenbestand	
													Einnahmen	
													Spenden	
													Ausgaben	
													Neuer	
													Kassenbestand	

Datum: ____________													Ausgaben	
					Spiele			Verlorene Spiele			Zahlung	Rest-Betrag		
	Restbetrag vom: Euro:	Beitrag:	Strafen:	Volle	Abräumer	Alle 9	Kranz				Euro	Euro	für:	Euro
Name:														
													Kegelbahn	
													insgesamt:	
													Abrechnung	
													Vortrag	
													Kassenbestand	
													Einnahmen	
													Spenden	
													Ausgaben	
													Neuer	

					Spiele			Verlorene Spiele			Zahlung	Rest-Betrag		
	Restbetrag vom: Euro:	Beitrag:	Strafen:	Volle	Abräumer	Alle 9	Kranz				Euro	Euro	für:	Euro
Name:														
													Kegelbahn	
													insgesamt:	
													Abrechnung	
													Vortrag	
													Kassenbestand	
													Einnahmen	
													Spenden	
													Ausgaben	
													Neuer	
													Kassenbestand	

Datum: ___________													Ausgaben	
					Spiele			Verlorene Spiele			Zahlung	Rest-Betrag		
	Restbetrag vom: Euro:	Beitrag:	Strafen:	Volle	Abräumer	Alle 9	Kranz				Euro	Euro	für:	Euro
Name:														
													Kegelbahn	
													insgesamt:	
													Abrechnung	
													Vortrag	
													Kassenbestand	
													Einnahmen	
													Spenden	
													Ausgaben	
													Neuer	

Datum: ____________

					Spiele			Verlorene Spiele			Zahlung	Rest-Betrag	Ausgaben	
	Restbetrag vom: Euro:	Beitrag:	Strafen:	Volle	Abräumer	Alle 9	Kranz				Euro	Euro	für:	Euro
Name:														
													Kegelbahn	
													insgesamt:	
													Abrechnung	
													Vortrag	
													Kassenbestand	
													Einnahmen	
													Spenden	
													Ausgaben	
													Neuer	
													Kassenbestand	

Datum: ___________													Ausgaben	
					Spiele			Verlorene Spiele			Zahlung	Rest-Betrag		
	Restbetrag vom: Euro:	Beitrag:	Strafen:	Volle	Abräume	Alle 9	Kranz				Euro	Euro	für:	Euro
Name:														
													Kegelbahn	
													insgesamt:	
													Abrechnung	
													Vortrag	
													Kassenbestand	
													Einnahmen	
													Spenden	
													Ausgaben	
													Neuer	

Datum: ____________

					Spiele			Verlorene Spiele			Zahlung	Rest-Betrag	Ausgaben	
	Restbetrag vom: Euro:	Beitrag:	Strafen:	Volle	Abräumer	Alle 9	Kranz				Euro	Euro	für:	Euro
Name:														
													Kegelbahn	
													insgesamt:	
													Abrechnung	
													Vortrag	
													Kassenbestand	
													Einnahmen	
													Spenden	
													Ausgaben	
													Neuer	
													Kassenbestand	

Datum: ____________													Ausgaben	
					Spiele			Verlorene Spiele			Zahlung	Rest-Betrag		
	Restbetrag vom: Euro:	Beitrag:	Strafen:	Volle	Abräumer	Alle 9	Kranz				Euro	Euro	für:	Euro
Name:														
													Kegelbahn	
													insgesamt:	
													Abrechnung	
													Vortrag	
													Kassenbestand	
													Einnahmen	
													Spenden	
													Ausgaben	
													Neuer	

Datum: ___________

					Spiele			Verlorene Spiele			Zahlung	Rest-Betrag	Ausgaben	
	Restbetrag vom: Euro:	Beitrag:	Strafen:	Volle	Abräumer	Alle 9	Kranz				Euro	Euro	für:	Euro
Name:														
													Kegelbahn	
													insgesamt:	
													Abrechnung	
													Vortrag	
													Kassenbestand	
													Einnahmen	
													Spenden	
													Ausgaben	
													Neuer	
													Kassenbestand	

Datum: ___________													Ausgaben	
					Spiele			Verlorene Spiele			Zahlung	Rest-Betrag		
	Restbetrag vom: Euro:	Beitrag:	Strafen:	Volle	Abräumer	Alle 9	Kranz				Euro	Euro	für:	Euro
Name:														
													Kegelbahn	
													insgesamt:	
													Abrechnung	
													Vortrag	
													Kassenbestand	
													Einnahmen	
													Spenden	
													Ausgaben	
													Neuer	

Datum: ____________

					Spiele			Verlorene Spiele			Zahlung	Rest-Betrag	Ausgaben	
	Restbetrag vom: Euro:	Beitrag:	Strafen:	Volle	Abräumer	Alle 9	Kranz				Euro	Euro	für:	Euro
Name:														
													Kegelbahn	
													insgesamt:	
													Abrechnung	
													Vortrag	
													Kassenbestand	
													Einnahmen	
													Spenden	
													Ausgaben	
													Neuer	
													Kassenbestand	

Datum: ___________													Ausgaben	
					Spiele			Verlorene Spiele			Zahlung	Rest-Betrag		
	Restbetrag vom: Euro:	Beitrag:	Strafen:	Volle	Abräumer	Alle 9	Kranz				Euro	Euro	für:	Euro
Name:														
													Kegelbahn	
													insgesamt:	
													Abrechnung	
													Vortrag	
													Kassenbestand	
													Einnahmen	
													Spenden	
													Ausgaben	
													Neuer	

Datum: ____________

													Ausgaben	
					Spiele			Verlorene Spiele			Zahlung	Rest-Betrag		
	Restbetrag vom: Euro:	Beitrag:	Strafen:	Volle	Abräumer	Alle 9	Kranz				Euro	Euro	für:	Euro
Name:														
													Kegelbahn	
													insgesamt:	
													Abrechnung	
													Vortrag	
													Kassenbestand	
													Einnahmen	
													Spenden	
													Ausgaben	
													Neuer	
													Kassenbestand	

Datum: ___________													Ausgaben	
					Spiele			Verlorene Spiele			Zahlung	Rest-Betrag		
	Restbetrag vom: Euro:	Beitrag:	Strafen:	Volle	Abräumer	Alle 9	Kranz				Euro	Euro	für:	Euro
Name:														
													Kegelbahn	
													insgesamt:	
													Abrechnung	
													Vortrag	
													Kassenbestand	
													Einnahmen	
													Spenden	
													Ausgaben	
													Neuer	

Datum: ___________

					Spiele			Verlorene Spiele			Zahlung	Rest-Betrag	Ausgaben	
	Restbetrag vom: Euro:	Beitrag:	Strafen:	Volle	Abräumer	Alle 9	Kranz				Euro	Euro	für:	Euro
Name:														
													Kegelbahn	
													insgesamt:	
													Abrechnung	
													Vortrag	
													Kassenbestand	
													Einnahmen	
													Spenden	
													Ausgaben	
													Neuer	
													Kassenbestand	

Datum: ____________													Ausgaben	
					Spiele			Verlorene Spiele			Zahlung	Rest-Betrag		
	Restbetrag vom: Euro:	Beitrag:	Strafen:	Volle	Abräumer	Alle 9	Kranz				Euro	Euro	für:	Euro
Name:														
													Kegelbahn	
													insgesamt:	
													Abrechnung	
													Vortrag	
													Kassenbestand	
													Einnahmen	
													Spenden	
													Ausgaben	
													Neuer	

					Spiele			Verlorene Spiele			Zahlung	Rest-Betrag		
	Restbetrag vom: Euro:	Beitrag:	Strafen:	Volle	Abräumer	Alle 9	Kranz				Euro	Euro	für:	Euro
Name:														
													Kegelbahn	
													insgesamt:	
													Abrechnung	
													Vortrag	
													Kassenbestand	
													Einnahmen	
													Spenden	
													Ausgaben	
													Neuer	
													Kassenbestand	

Datum: ___________													Ausgaben	
					Spiele			Verlorene Spiele			Zahlung	Rest-Betrag		
	Restbetrag vom: Euro:	Beitrag:	Strafen:	Volle	Abräumer	Alle 9	Kranz				Euro	Euro	für:	Euro
Name:														
													Kegelbahn	
													insgesamt:	
													Abrechnung	
													Vortrag	
													Kassenbestand	
													Einnahmen	
													Spenden	
													Ausgaben	
													Neuer	

					Spiele			Verlorene Spiele			Zahlung	Rest-Betrag		
	Restbetrag vom: Euro:	Beitrag:	Strafen:	Volle	Abräumen	Alle 9	Kranz				Euro	Euro	für:	Euro
Name:														
													Kegelbahn	
													insgesamt:	
													Abrechnung	
													Vortrag	
													Kassenbestand	
													Einnahmen	
													Spenden	
													Ausgaben	
													Neuer	
													Kassenbestand	

Datum: ___________													Ausgaben	
					Spiele			Verlorene Spiele			Zahlung	Rest-Betrag		
	Restbetrag vom: Euro:	Beitrag:	Strafen:	Volle	Abräumer	Alle 9	Kranz				Euro	Euro	für:	Euro
Name:														
													Kegelbahn	
													insgesamt:	
													Abrechnung	
													Vortrag	
													Kassenbestand	
													Einnahmen	
													Spenden	
													Ausgaben	
													Neuer	

Datum: ____________

					Spiele			Verlorene Spiele			Zahlung	Rest-Betrag	Ausgaben	
	Restbetrag vom: Euro:	Beitrag:	Strafen:	Volle	Abräumer	Alle 9	Kranz				Euro	Euro	für:	Euro
Name:														
													Kegelbahn	
													insgesamt:	
													Abrechnung	
													Vortrag	
													Kassenbestand	
													Einnahmen	
													Spenden	
													Ausgaben	
													Neuer	
													Kassenbestand	

Datum: ___________													Ausgaben	
					Spiele			Verlorene Spiele			Zahlung	Rest-Betrag		
	Restbetrag vom: Euro:	Beitrag:	Strafen:	Volle	Abräumer	Alle 9	Kranz				Euro	Euro	für:	Euro
Name:														
													Kegelbahn	
													insgesamt:	
													Abrechnung	
													Vortrag	
													Kassenbestand	
													Einnahmen	
													Spenden	
													Ausgaben	
													Neuer	

Datum: ____________

					Spiele			Verlorene Spiele			Zahlung	Rest-Betrag	Ausgaben	
	Restbetrag vom: Euro:	Beitrag:	Strafen:	Volle	Abräume	Alle 9	Kranz				Euro	Euro	für:	Euro
Name:														
													Kegelbahn	
													insgesamt:	
													Abrechnung	
													Vortrag	
													Kassenbestand	
													Einnahmen	
													Spenden	
													Ausgaben	
													Neuer	
													Kassenbestand	

Aus dem Inhalt:
Beim Kegeln versucht der Spieler mit einer Kugel, die neun Kegel auf der anderen Seite der Bahn zu Fall zu bringen. Dazu nimmt er eine Kugel in die Hand und versucht diese mit so viel Schwung wie möglich vorwärts in Richtung der neun Kegel zu bewegen. Die Kugel sollte im Normalfall auf der markierten Abwurffläche aufgesetzt werden und der Spieler darf die Anlaufzone nicht verlassen. Der Abwurf kann mit Anlauf oder im Stehen erfolgen.

Aus dem Inhalt:
Jeder Kegler zieht eine Karte aus einem Skat-Kartenspiel, ohne ihren Wert zu verraten. (As =1 oder 11, Bube=2, Dame=3, König=4). Anschließend darf er solange kegeln, wie er möchte, um zusammen mit dem Kartenwert 21 zu erreichen. Die Holzzahlen werden notiert. Zum Schluss wird bei jedem Kegler die Spielkarte hinzuaddiert.
Der Spieler mit der meisten Punkten, aber maximal 21 Punkten gewinnt. Spieler mit mehr als 21 Punkten sind kaputt und haben alle verloren.

Aus dem Inhalt:
Käferspiel
Einstellung: In die Vollen
Spielart: Einzelspiel
Wurf: 1

Jeder Spieler legt einen Wurf vor und tragt diesen in den Korper seines Käfers ein. Der Käfer besteht aus einem Körper mit 6 Füßen und 2 Fühlern. Bei einem Pudel wirft
der Kegler erneut, bis er einen Wert erkegelt hat.
Nun muss jeder Spieler versuchen, durch erneutes Kegeln seiner vorgelegten Zahl mit Beinen und Fühlern zu versehen. Jeder muss also acht Mal die identische Zahl kegeln wie im Korper steht. Gewonnen hat der Spieler, der seinen Käfer als erstes vervollständigt hat. Wem die Variante zu lange dauert, kann auch z.B. die Fühler weglassen und einen Käfer mit nur 4 Beinen zeichnen.

Aus dem Inhalt:
Der Wurf zum beenden des Kegelabend. (Kasse auffüllen) Jeder Spieler kegelt einen Wurf in die Vollen. Jeder stehen geblieben Kegel zählt 0,50 Cent. Ein Pudel kostet somit 4,50 Euro + die übliche Strafe. Beispiel: 7 Holz gekegelt = 1 Euro bezahlen 5 Holz gekegelt = 2 Euro bezahlen.
Ein einfaches Kegelspiel zu Gunsten der Clubkasse.

Über den Autor:
Günter Geldner ist mit den Jahren zum gereiften Mann geworden, welcher mit beiden Beinen fest am Boden steht.
Seit mehreren Jahren widmet er sich aktiv dem Kegelsport als Freizeitkegler zu. In dieser Eigenschaft ist er immer auf der Suche nach neuen Kegelspielen und attraktiven Spielideen. Er möchte mit diesem Buch dem Breitensport Kegeln sein Attribut zollen.

FSC
www.fsc.org
MIX
Papier aus verantwortungsvollen Quellen
Paper from responsible sources
FSC® C141904

Druck:
Customized Business Services GmbH
im Auftrag der KNV-Gruppe
Ferdinand-Jühlke-Str. 7
99095 Erfurt